明日の君は、どこにいる？

ヘーゲル先生の自己啓発の教室

今野雅方　行方順之介

青春出版社

はじめに　心の羅針盤の見つけ方

働き始めて数年、久々に会ったヘーゲル先生に、思わず心の声をもらしたときから、僕の人生はゆっくりと動きはじめた。

「先生、僕の人生はこのままでいいのでしょうか」

答えがあるとは思えない質問に対し、先生は笑いながら、「そんなの簡単な話だ」と答え、「その疑問を持った段階から、君はすでに答えを見つけている」

と、言ってくれた。

どんなにくだらない話にも付き合ってくれる先生の声を聞くと、遠い記憶が蘇ってくるとともに、社会に出て身につけた鎧が、するするとほどけていくようだった。

◇　◇　◇

数週間前のことだった――。

夜十一時、スマホを見ていると「久しぶりに飯でも食おう」と連絡がきた。高校時代からの友人である小林からだ。およそ一年半ぶりの連絡だ。僕は嬉《うれ》しくなり、すぐ返信をすると、あっという間に予定は決まった。週末の夜、実家の近くにある居酒屋で待ち合わせだ。

小林との出会いは、高校のクラスで偶然隣の席になったことがきっかけだった。

登校初日、僕は新しい友達をつくろうと一週間前から決めていた。だから、隣の席に座っていた小林に、少し緊張しながら声をかけてみたのだ。すると僕たちの趣味が驚くほど一致していることが判明した。小さい頃から好きだったアニメや夢中になったゲームは、まるで同じものを共有してきたかのようだった。ただ一つだけ異なっていたのは、アイドルの好みだったが、それさえもお互いの趣味を尊重できる違いであって、むしろ話が盛り上がった。

そのまま会話がはずみ、高校生になるタイミングで、小林の家族が僕の家から歩いていける距離に引っ越してきたことも分かると、僕らは初日からくだらない話をしながら、一緒に帰宅することになった。

こうして僕らは自然と親しい仲になっていった。


高校を卒業しても、小林との関係は変わらず続いていた。

僕が実家を離れて一人暮らしを始めた後も、定期的に顔を合わせていたし、長期の休みになると一緒に旅行に出かけることもあった。

しかし、最近ではめっきり会う機会が減っていた。二人とも社会人になって忙しくなったからだ。特に小林の仕事は激務のようだった。朝七時に家を出て、夜十一時に帰宅するという、まるでコンビニの名前のような働き方をしていた。

だから、久しぶりに小林と会うことを、僕は楽しみにしていた。


予定より早く店に着いた僕は、先に店に入ってビールとつまみを頼み、小林を待つことにした。料理に手をつけ、小腹を満たしていると、予定より十五分ほど遅れて小林がやってきた。

手を合わせて「悪い、待った？」と謝りながら、くたびれた紺色のスーツ姿で入ってきた小林は、すぐに上着を脱ぎ、僕の正面の席につくなり、ネクタイを緩めて「これでも、今日は早めに仕事が終わって良かったよ」とニコリとしながら言った。

メニューをさっと見た小林は、細身の体には見合わない量の料理を次々と注文し、いつものようにハイボールを頼んだ。すぐにドリンクがやってきて、乾杯を交わすと、小林は僕の前にある料理を見て「お前はいつも少食だな」と笑いながら言った。

久しぶりの再会だったこともあって話がはずみ、酒も進んだ。酔いが回った僕は、普段は言わない仕事の愚痴を話していた。「上の部署は数値を追いかけるだけで、現場が分かっていない」、「もっと効率良くやればいいのに、ルールだからといって変えてくれない」、「責任を追及するわけでもなく、なぜやっているのか理由を聞いたら、嫌な顔をされた」等々……。

話の途中に飲んでいたビールが空《から》になったので、おかわりの注文をすると、小林がそれまでの僕の話を断ち切るように言った。

「お前さ、そんなこと言ってないで俺と一緒に何かやらないか？　俺と一緒にビッグなことをさ。今なら社会の役に立つ仕事とか、何かを立ち上げてさ」

唐突な小林の誘いに、僕はたじろいだ。いつもにもまして小林の表情は真剣だった。

でも、僕はそれを見ないふりをして答えた。

「なんだよ、急に。しかもビッグって。もっとまともな誘い方はなかったのかよ。ほら、アップルの創業者スティーブ・ジョブズは、ペプシコーラの社長をヘッドハンティングするとき『君は砂糖水を売ることに残りの人生を費やすのか。世界を変えるチャンスが欲しくはないのか』って誘ったんだから、それくらいのことを言ってくれよ」

「あははは、それもそうだな。悪かったな、忘れてくれ」

小林は笑ったが、一瞬悲しい顔をした。

その話題はそれで終わり、昔と同じように終電間際まで飲んで、別れた。

しかし、小林に誘われたことが、いつまでも僕の心のどこかに引っかかっていた。

次第に小林の言葉が僕の心の中で大きな領域を占め、浮かんでは消える悩みとなった。

はたして僕は小林の起業の誘いを断って良かったのか。

そもそも僕は今の仕事に満足しているのか。

自分の人生これで良かったのだろうか。

死ぬ時に、自分の人生は満足であったと言えるのか。

このようなことで悩むのは、どこかで人生を間違えたからではないか。

こんな漠然とした不安に僕は襲われることになった。

しかし、どんなに考えても、その答えは出てこなかった。

◇
◇
◇

この解決できそうにない悩みについて、相談に乗ってくれる人なんていただろうか。

会社の先輩や友人たちの顔が浮かんだが、どれも違う気がした。そんな中、小さい時から付き合いのあった、近所の先生のことを思い出した。

その先生は、みんなにヘーゲル先生と呼ばれていた。哲学者ヘーゲルなんていう、よく分からない人を研究していたからだ。でも、僕は単に先生と呼ぶことが殆《ほとん》どだった。

先生の仕事場は、実家から歩いて行ける距離にある古いマンションの一室にあった。

そこで先生は、昔からいろいろな人に、本の読み方や文章の書き方といった、一風変わったことを教えていた。それは私塾のようなものだった。その教え子の中の一人に、僕の父親がいた。

初めて先生と出会ったときのことは、今でも覚えている。

僕が小学生のとき、父親と一緒に近所を歩いていると、公園で偶然先生に出会ったのだ。二人は挨拶をすると、父親は初対面の僕に、先生がどんな人であるかを教えてくれた。

「ヘーゲル先生の仕事場にある書斎はすごいぞ。まるで小さな図書館みたいなんだ」

当時の僕は怖いものなしといった感じで「みたい！」と素直に声に出すと、先生は笑いながら「いつでもおいで」と答えてくれた。

それ以来、僕は図々しく先生の書斎に通い、本を借りては返すという関係がはじまった。

特に中学生の頃、現実から逃げるように、先生の書斎によく通っていた。

学校や部活にうまく馴染《なじ》めず、家では両親と些細なことで言い争っていた時期だ。

しょっちゅう書斎にやってくる僕に、先生は一度たりとも理由を訊《たず》ねなかったが、笑いながら「暇なんだろ」と言って、いろいろな本や音楽を薦めてくれた。

嫌なことを忘れようと、ずらりと並ぶ本棚の中から興味を惹《ひ》かれるまま、表紙のカバーが擦り切れた本を選び、部屋の隅に置かれた椅子に腰掛けて読みふけっていると、先生のところに相談にやってくる様々な人たちに出会うことになった。

そういうとき、先生は僕のことを「まあ、ほとんどうちの居候みたいなもんだ」と紹介してくれるのが慣例だった。

相談に来る人は、生徒や学生、その親、どこからか先生の噂を聞いて訪ねてくる人などいろいろであった。相談内容も、留学先の選び方や子育て、親子や夫婦関係、大学での学び方や就職など多岐にわたっていた。

ただ、相談に来る人たちに共通する点は、**将来へ一歩踏み出そうとした**ときに、先生に相談に来ることであった。

その人たちの話を本を読みながら隠れて聞いていると、不思議なことに、先生は一度も直接的な答えを教えていないことに気がついた。しかし、ここにやってきた人たちは、最後には決意にあふれた顔つきでこの部屋から出ていったものだった。

そういった相談に来ていた人たちと、今の僕は比べようもないけれど、悩んでいることを相談できるのはヘーゲル先生だけに思えた。


僕は先生にメールで連絡を取り、土曜日の夕方に会いに行く約束をした。

しかし、高校を卒業して以来、久しぶりに先生の書斎を訪れることに緊張していた。思い返せば、最後に会ったのは、実家を出て一人暮らしを始める前だった。

「先生、ちょっと家を出てみようと思うんです」

「いいことじゃないか」

「でも、何かあったら助けてくださいよ」

「ハハハ、君は妙なところで心配性だな。何もなくても、またおいで」

そんな別れの会話をしたのが最後であった。新生活に馴染むのに精一杯で、実家に帰るついでに先生のところに顔を出していなかった。いや、そうではない。本当は、新生活を楽しんでいる姿を先生に見せるのが、なんだか恥ずかしかったからだ。だから、僕が先生に会わなかったのは、ごく自然な流れだったのかもしれない。とはいえ、先生の書斎までの道のりは、体が覚えていたようで、迷うことなくたどり着くことができた。

◇◇◇

「今、君は人生の岐路に立っている」

そう言って、ヘーゲル先生は僕の「人生はこのままでいいのか」という悩みに対して、考え方を示してくれた。

「たとえ話をしよう。人生には、山を登る人生と麓《ふもと》から眺める人生の二つがある。具体的に言うと、山を登る人生とは、何かを知りたい、何かを成し遂げたいと思う人が歩む人生だ。眺める人生とは、安定的な人生を選び、いろいろな人の可能性を眺める人生だ。

人が生きる世の中には、いくつもの山がある。一つだけじゃない。

君が高校生の時『なにを言いたいのかよく分からない』と言っていた夏目漱石は、この山を登った一人だ。同じ頃、好きでよく聞いていたモーツァルト、君が初めて訪れた美術館で『いいな』と思ったピカソ、君のおじいちゃんが眠っているお寺の開祖である道元も、山を登った人物だ。

一人ひとりが、自分の足で自分の山を登った。この人たちの姿を見ると、人間のもつ大きな可能性に気づかせてくれる」

自分とかけ離れた、有名な人の名前を言われて驚いていると、

「こうやって名の通った人ばかりあげると、自分とは関係のない世界の話のように聞こえるかもしれないが、決してそういった話ではないぞ。山を登るってことは、自分の登っている山には詳しくなるが、全体を見ることが不得意になる。麓から山を眺めている人の方が、全体を眺めて冷静でいられる。

そうではあるが、**山を登る人生は面白い**」

先生は少しだけ芝居がかって言った。

「**君のように『自分はこのままでいいのか』なんて思ってしまうような人は、山を登りかけている一人だ**」

次の言葉を待っていると、先生は僕の目をじっと見て言った。

「どの山に登るのか分からない時、**まずは、先人の肩を借りて世界を見てみるのがいい**。そうすれば、自分の歩むべき山へ続く道が見えてくるはずだ。その道すがら、自分の内面にある宝に気

がつき、**自分には無限の可能性があること**を知るだろう」

先生は話し終わると、ニヤリと笑った。

この再会を機に、かつてのように先生の書斎を訪れ、悩みを聞いてもらっているうちに、改《あらた》めて気づいたことがある。それは先生が常識はずれなことばかり言ってくることだった。

「悩みというのは、可能性を秘めた大きな種のようなものだ。悩みが深ければ深いほど、大きな花が咲くもんだ。その花の大きさは、世間的な名声とは無関係なことも多い」

――悩みが可能性なんですか？

「たとえば、『最後の晩餐』を描いた頃のダ・ヴィンチは、悩みが浅かったんだな。あの絵ではユダが卑しく描かれているだろ。でも、あそこまでユダを貶《おとし》めて描く理由はないんだから、『最後の晩餐』はまずかったね。みずから自分を罰した者を、他人がさらに罰することはない。それに比べるとデューラーのほうが大きな花を咲かせたね」

――有名な絵画ですけど……。

「あの絵を描いたとき、ダ・ヴィンチはまだ自分を壊していなかったんじゃないか」

――自分を壊す？　そんな怖いことは誰もしたくないですよ。

「それにね、何になりたいかではない、**その人が何をもって自分と為すかで人生が決まる**のではないか」

――やりたいことをやるのが幸せなんですよね？

「そうとも言えるね。でも、まぁ、人間には各々生涯の中で抱える空白があるからねぇ」

――空白ってなんですか？　先生。

「好きなことを見つけるよりも、心の中に現れる空白のほうが人を動かすものだ」

――……。

僕が先生の書斎で様々な疑問や弱音を漏らすと、その度に先生は嫌な顔もせず、他では聞いたこともない話をしてくれた。そのときに語ってくれたことは、難しい言葉を使っていないのに、ほとんど理解できなかったし、今でも十分に分かったとは言えない。

だけれども、先生の話してくれたことは、僕にとっては生涯の宝物になった。それは自分の山を登ろうとしたとき、**自分の道を示してくれる羅針盤の存在に気づかせてくれたからだ。**

とはいえ、先生の言っていることは「そこまで考えなきゃいけないの？」とか「そんなことできないよ」と嘆きたくなることばかりであった。しかし、先生が目の前で道を照らしてくれると、「僕もやればできるかもしれない」と前を向く勇気をもらえたのも、事実であった。

結局のところ、学校教育では誰も教えてくれない「何か」を話してくれたヘーゲル先生とのやり取りは、僕の中途半端な身の上話に耳を傾けてもらうことからはじまったのだった。

明日の君は、どこにいる？　ヘーゲル先生の自己啓発の教室　＊目次

2章 勉強すれば、すべてのことが分かる？ 93

3章　悩むくらいなら、進んで「対立」するんだ　129

6章　自信を持って自分で決めるために必要なこと　265

章扉イラスト：村松郁香

序章

先生、僕の人生は このままでいいのでしょうか

書斎に置かれた六人がけのテーブルの角を挟んで座ると、僕はヘーゲル先生と会っていなかった時期のことを話した。ヘーゲル先生は昔と変わらず、豆から挽いたコーヒーを受け皿付きのカップに入れ、それを美味しそうに飲みながら、僕の話に耳を傾けてくれた。

雑談をしながら、いま僕が抱えている悩みをどうやって先生に打ち明けようかと迷っていると、先生が「どうしたんだい、何か話したいことでもあるんじゃないか」と聞いてくれた。僕は自分の心を覗かれたようで、恥ずかしかった。しかし、ここで聞かないと後悔すると思い、勇気を出して話すことにした。

何に迷っているのか分からない

椅子に座り直すと、意識して背筋を伸ばし、一呼吸してから先生に訊ねた。

「先生、できればアドバイスをもらいたいです」

「どんなことだい?」

「まず現状から話すと、僕は学校を出たら働くのが当たり前だと考え、就職しました。特にやりたいことはなかったので、得意なことや将来有望な業種とか、自分なりにいろいろ考えて、就職活動をしました。最後には運よく今の会社に採用され、働きはじめて数年が経ちます」

「へぇ、よかったじゃないか」

「そう、よかったはずだったんです。最初のうちは就職できて安心してました。でも、働けば働くほど、この仕事をやるのは自分じゃなくてもいいのではないか。そんな考えが頭をよぎるんです。やっとの思いで就職できたので、贅沢を言っているのは分かっています。分かってはいるんですけど……」

僕がそこで言葉を止めると、先生は「それは困ったねぇ」と嬉しそうに言った。

「そうやってニコニコして見ないでくださいよ。昔から僕が悩んでいると、そうやって嬉しそうにするんですから」

昔から変わっていない先生の態度を見ると、僕は懐かしい気持ちになった。

「ハハハ。そうだったかな。で、仕事をするのは自分でなくてもいいと感じたんだろ、どうするんだい？」

「どうすればいいんでしょうか？　こんな中途半端な気持ちじゃいけないと思って……」

「転職は考えてないの？」

「このまま転職しても、今と同じような状況になりそうだなって感じるんです。だから自分を見直すために、興味のある大学や専門学校に入って、勉強をやり直そうかと考えたりしています。これってどう思います？」

「いいんじゃないか。試せばいい。いつだってやり直しはできるんだから」

「でも、そういった学校で学び直しても、やりがいのある仕事なんて見つかるかどうか分からないじゃないですか」

「そりゃそうだ」と先生は頷いた。

「だから、仕事を辞めるようなリスクの高い方法じゃなくて、今の仕事をしながら、なんとかできないかなと思ったりして……、副業でも始めてみるとか」

僕は自分でもどうすれば良いのか分からず、考えていることをそのまま言った。

こんな愚痴のような話を、先生は嫌な顔ひとつせず聞いてくれた。

先生は僕に質問をした。

「心配なら、それでいいじゃないか。いったい君は何を迷っているんだ?」

「そうです!　何に迷っているかも分からないんですよ。もやもやとした焦りだけあって……」

「ああ、そういうことね」と先生が腑《ふ》に落ちた顔で言った。

「悩み」にも歴史がある

先生はコーヒーを一口飲むと、僕の目を見つめて言った。

「とはいえ、久々に来て、いきなりアドバイスが欲しいなんて言うってことは、何かきっかけがあったんだろ?」

自分の行動がすべて見透かされているようだった。

僕はこの悩みを抱えるきっかけになった出来事を話すことにした。

「実は高校時代の友人と近所の居酒屋で久々に会ったんです。ほら、ここに何度か連れてきた、ヒョロッとした小林です」

「あぁ、高校時代に仲が良かった彼か」

「アイツが一緒に仕事をやらないかと誘ってきたんです」

「なんて答えたの？」

「断りました」

「あら、そうなの」と先生は意外そうに言った。

「だって、今の生活に不満はありますが、死ぬほど嫌だってわけじゃないんです。しかも、思いつきで起業するなんて、リスクが大きすぎますから。だから、その場は軽口を言ってごまかしたんです。ただ、その時から、何かに迷っている自分に気がついたんです」

僕は一呼吸おいて先生に聞いた。

「やりたいことが見つかるのは一部の人だけなんでしょうか。何もない僕には、こういうことを考えるだけ無駄なんでしょうか」

先生はそんな僕の話を聞いて、

「その答えを見つけに、私のところにやって来たというわけだ。君は小林君から想像もしていなかったことを言われ、返事にしくじった。それで、その答えが欲しくなった」

そう僕はしくじってしまった。しくじってしまったんだ。

でも、先生にとって、僕の失敗はむしろ喜ばしいようで、言葉を続けた。

「つまり、君は最高の時期に、私のところにやって来たというわけだな」

「え？　これが最高だっていうんですか？」

「そうだぞ。悩みは深ければ深いほど大きな飛躍が待っている。なんといっても、君の悩みは、大きな実のなる、歴史的な性格を持ついい悩みだ。最高じゃないか」

先生があまりに自信満々に言うものだから、僕は驚いて聞いてしまった。

「どういうことです？」

「君のような悩みは、**ヘーゲルに言わせれば、今から五百年くらい前、ヨーロッパの近代開始時期まで遡ることができるものだ。君が個人的な悩みだと思っているものも、歴史の中で生まれてきた悩みになる**」

僕の目をじっと見つめながら先生は言った。

五百年前に、歴史の中で生まれてきた悩み？

僕は先生が何を言っているのか理解できず、ぽかんとしていると、

「昔から多くの人が悩み、考えてきた歴史のある、宝が隠された悩みってことだ」

と、ニヤリとしながら先生は言った。

「あ、そのニヤリとしたときは、要注意なときだ！」と僕は反射的に言ってしまった。

「なんだいそれは？」

「よく分からない難しそうなことを言っているのに、聞き流すと後で予言みたいな話をするときの、先生の癖ですよ！」

その癖を指摘すると、先生はハハハと笑った。

「昔、先生のところに相談にやって来た人も言ってましたよ。――こっちが分からず困っているのに、楽しそうにニヤリとして、それでいて内容があるっぽい話をしたときこそ要注意なんだ。絶対に先生が言ったことを無視しちゃいけない。軽い気持ちで聞き流すと、なんで早く言ってくれなかったんだって、後で言うことになる。そうやって何人も痛い目を見ているんだから――と、僕に忠告してくれたんです」

その人は先生が席を外したときに、絶対忘れてはいけない、と言って僕に教えてくれた。

「ハハハ、そんなこと言った人がいたのか。知らなかったよ」

先生は手を額に当てて言った。

「その人は先生への対処法も教えてくれましたよ。どんなことでもいい、その時に聞いた言葉でもなんでもいいから、とにかく質問を続けてヒントを引き出せ！　何も分からなくても、質問し続けろ。諦めるな！　そんなことを教えてくれました」

「面白いアドバイスをする人もいたもんだ」

そうは言っても、僕は何を質問すればいいのかさっぱり分からなかったので、身近なことから聞くことにした。

僕たちはヘーゲルと同じ時代に生きている

「まず、そのヘーゲルって、先生が昔から研究している人ですよね？」

「そうだな、半世紀以上も付き合いがあるな」

「どんな人なんですか？　昔聞いたけど、よく覚えてなくて……」

「ヘーゲルは、一八世紀後半から一九世紀初頭にかけて活躍したヨーロッパの哲学者だ。彼はカントなどの思想を引き継ぎ、ドイツ観念論を代表する人物と言われている。政治、宗教、歴史、芸術など幅広い分野について論じ、知の巨人や近代哲学の完成者と評されたりするな」

「手広い人だったんですね」

「そうだな。ヘーゲルの思想は多くの人に影響を与えたと言われる。その中でも代表的なのがカール・マルクスだ。マルクスは、ヘーゲルの考えを基盤にして思想を練り上げ、資本主義の問題点を指摘した『資本論』を書いている。その後、このマルクスの思想から、ソ連や中国といった社会主義国家が成立していくことになった」

「そんなことにも影響を与えた人だったんですか」

僕はその影響力の大きさに驚いた。

先生のおかげでヘーゲルの名前は昔から耳にしていたけれど、世間では馴染みが薄いのが不思議に思えた。それほどの影響力があったのに、他の人から名前を聞かない。

「カントやマルクスなら聞いたことありますけど、正直言ってヘーゲルって名前は、先生以外から聞いたことないんですよね」

「それは仕方がない。ソ連の崩壊にともないマルクスの評価が落ちると、ヘーゲルの人気はそれに引きずられるように低くなってしまった。しかも、彼の書いた文章は哲学書の中でもとびきり難解で読みにくい。現在から見ると間違っていることや、認めることができそうにないことも書かれている。今更取り上げようとする人もいないんだろう」

先生が残念そうにヘーゲルについて話すので、「そういったもんなんですね」と僕は相槌を打つしかなかった。

そんな僕のことを見ながら、先生は言葉を続けた。

「こういった時代の流れみたいなものはあるけれど、**ヘーゲルが考えたことは、今でも多くのことを私たちに教えてくれるし、大いに参考になるんだがな**」

「え、どういうことです？」

「ヘーゲルは君のような悩みを抱えている人に、多くのことを教えてくれるってことだ」

そんな昔の人が僕の悩みに答えてくれる？

そんなウソみたいな話があるのか？

「先生、二百年以上前の人なんですよね、ヘーゲルって」

「君もヘーゲルと同じような時代に生きているんだから、何らおかしくないだろう」

「同じ時代？　二百年前と今が同じ時代っていうんですか？　絶対そんなことないですよ」

そんな大昔、スマホもなければインターネットもない、冷蔵庫も洗濯機だってない。

今と全く違う世界じゃないか。

「ヘーゲルの歴史的な視野、古代ギリシャから二千五百年以上もの歴史の視野に立ってみれば同じだ。**ここ五百年は自由を自覚するようになり、人間の可能性が広く開かれはじめた時代なんだから。**そういった視点に立てば、君もヘーゲルも同じ時代を生きていることになるだろ？」

僕は話がよく分からず、キョトンとしてしまった。


「自分なりの生き方」なんて本当にあるの？


先生はそんな僕を気にせず、話を続けた。

「同時代の人として、君のように悩み、それに立ち向かったヘーゲルは参考になるってことだ」

「同じって言われてもしっくりこないですが……、なんでもいいんで、参考になるなら教えてください！」

藁《わら》にもすがる気持ちで先生に頼んだ。

僕の姿を見て、先生は昔を思い出したようだ。

「君は変わらず、すぐ答えを知ろうとするなぁ。ほら小学生だったとき、気になる子について話していたときも……」

「あーあー、ストップ！　ストップ！　そんな恥ずかしい過去は忘れてください！　ヘーゲルの話ですって！」

僕は慌てて先生の話を止めた。

今でも先生になぜこの話をしたのか分からない。いつだったか、僕は気になる子について口を滑らせて話してしまい、あろうことかアドバイスをもらおうとしてしまった事があったのだ。

これだけは、未だに先生に話したことを後悔している。

「ハハハ。君らしい、いい話なんだけどなぁ」

「僕らしくなくてもいいんです。先生、ヘーゲルの話をしてください」

「分かった、分かった。ヘーゲルも君と同じように人生について悩み、考えたとき、**様々な人物の考えを勉強することで、君のような悩みに立ち向かった**」

「様々な人物の考えを勉強する、ですか？」

「具体的な名前をあげれば、古代ギリシャの哲学者プラトンや、ヘーゲルよりも一世代前の思想家モンテスキュー、ルソー、カントを学び、同時代の思想家では八歳年上のフィヒテといった人を研究していた。特にその中でも、カントやフィヒテの考え方を学ぶことで自分の思想を練り上げ、自分なりの生き方を見つけていった」

「自分なりの生き方！　それが欲しいんです！」

即座に「自分なりの生き方」という言葉に反応したものだから、先生は笑った。

僕は子どもっぽい態度をとってしまったことに気がつき、恥ずかしさを隠すように、

「えーっと、先生、その自分らしい生き方をするには、ヘーゲルみたいな、外国の哲学者の人たちを学べばいいってことですか？」と、先生に質問をした。

「そうやって焦らなくていい。ヨーロッパのドイツで生まれたヘーゲルだから、こういった人たちと向き合っただけだ。君なら、もっと身近な人と向き合えばいい」

そう話すと先生は立ち上がり、「ヘーゲルについては、そのうち詳しく話すとして、君にとってもっと身近な人で話を進めよう」と言って、入り口に近い本棚の方に向かい、「たしかこの辺にあったはずだ」とつぶやきながら、「ほら、あった」と言って一冊の本を取り出した。

その本を片手に席に戻ると、僕に向かって言った。

「たとえば、夏目漱石なんか、今の君にはぴったりだ。この書斎で君は漱石の本を読んでいたから、馴染みがあるだろ」

「あぁ、懐かしい！　ここで何冊も読みましたよ。でも、漱石でいいんですか？」

「漱石も、君のように人生に悩んでいたんだよ。漱石がその悩みを解決したときのことを語っている文章があるから、その文章を使って説明しよう」

霧の中に閉じ込められた孤独の人間――夏目漱石の場合

先生はまず、漱石がどのような人物であったのかを簡単に説明してくれた。

一八六七年、江戸幕府が終わり、新たに明治政府が成立した時代の転換期に漱石は生まれた。彼は帝国大学英文科を卒業後、中高の英語教師を経て、イギリスに留学する。その後『吾輩は猫である』で作家デビュー。その他の代表作に『坊っちゃん』『こゝろ』『明暗』などがある。

こうやって改めて漱石の経歴を聞くと、昔、先生に薦められて読んだ本の内容を思い出した。『坊っちゃん』は無駄に正義感の強い中学教員の話で、『明暗』は話がちょうど佳境に差し掛かったところで漱石が亡くなってしまい、最後が気になるところで終わった小説であった。

少しだけ懐かしい気持ちに浸っていると、先生は本題に入った。

「漱石は大学卒業後、学校の教師になる。しかし、どうにもそれが自分に合わないと感じていた。そのときの心境を、学習院大学でおこなった講演『私の個人主義』で語っている。その部分を読んでみよう。

自分の職業としている教師というものに少しの興味も有《も》ち得ないのです。教育者であるという素因の私に欠乏していることははじめから知っていましたが、ただ教場で英語を教えることがすでに面倒《めんどう》なのだから仕方がありません。私は始終中腰で隙《すき》があったら、自分の本領へ飛び移ろう飛び移ろうとのみ思っていたのですが、さてその本領というのがあるようで、ないようで、どこを向いても、思い切ってやっと飛び移れないのです。

私はこの世に生れた以上なにかしなければならん、といってなにをして好《い》いか少しも見当が付かない。私はちょうど霧《きり》の中に閉じ込められた孤独《こどく》の人間のように立ち竦《すく》んでしまったのです。

（『私の個人主義』）


どうだろう、就職したのにそれでいいか悩んでいるなんて、今の君のようだろう？」

――霧の中に閉じ込められた孤独の人間――。その言葉を耳にした時、僕はハッとした。まるで、自分のことを言い当てられたかのように感じ、先程まで感じていた懐かしい気持ちは一瞬で吹き飛んでしまった。

「そうです！　本当にこんな感じなんです！」

僕が声を大きくして言うと先生は「ハハハ」と笑った。

「でも、この後、漱石は教師を辞めて小説家になりましたよね？　どうしてそうなったんですか？」

「漱石が文章を書くようになったのには、学校の教師になって数年後、イギリスに留学をしたことが大きく関わっていた」

留学という言葉を聞くと、どこか憧れる。

「ところが、イギリスに留学したはいいが、そのうち神経衰弱になってしまう。今で言うところのうつ病のような状態だったのだろう」

「え、そうなんですか?」

「新しい環境に不慣れだったこともあったが、なによりも自分がどうすればいいのか、本当に分からなくなってしまったことが大きな要因のようだ。真面目だったんだろうねぇ」

漱石にそんな過去があることに驚いた。教科書に載っているような人でも、それほどまでに追い詰められてしまうのか。

自分の「耕す土地」はどこにあるのか

「漱石は留学中に、『文学とはなにか』を見つけようと必死だった。大学に行って現代文学史の講義に出席し、時には講師の家を訪れ個人授業を受けることもあった。また、時間の許す限り英文学に関する書籍を手当たり次第に読みもした。

それでも、どんなに人から学んでも、どんな本を読んでも答えは見つからず、心は霧に包まれたままだった。本なんか読んだって仕方がない。そんなあきらめの気持ちも芽生え、何のために自分は本を読んでいるのか、と自問自答する日々が続いた。**その時、漱石は自分の大きな勘違い**

に気がつき、自分で文学を作るしかないと思い立つ」

「どういうことですか？」

「漱石は、本場イギリスで英文学を学んだけれど、西洋人が立派だと評した英文の詩に納得がいかなかった。簡単に言えば、現地の人が良いと言っているものを、漱石は良いと感じられなかった」

「そんなの、どうしようもないじゃないですか」

「そんなある日、漱石は自分が大きな勘違いをしていたことに気がつく。というのも、漢文の素養があった漱石は、西洋の文学を漢文学と同じように理解できると思っていた。しかし、その考えでどれだけ英文学を研究しても何も理解が深まらない。留学して一年が過ぎようとした頃、はたと気がつく。**西洋の文学と漢文学は全く異なるものであることに**」

先生はそう言って、僕の目をじっと見つめた。

「成立も歴史も違うのだから、異なっているのは当たり前のように思える。けれど、そのどうしようもない違いに、遠い異国の地で漱石は痛感してしまった。それまで自分が当たり前だと思っていた漢文学と西洋の文学の理解は、根本から間違っていた。だからといって、その違いに気がついても、西洋の文学の方が優れているとも、漢文学の方が勝っているとも、言い切ることはできないでいた。そこで初めて漱石は決心する」

先生は少し眉をひそめながら「当時は西洋の考えの方が素晴らしいと持ち上げていた人が多か

ったようだけどね」と付け加えた。

先生は再び立ち上がり、書棚から別の一冊を手に取って戻ってきた。それは、漱石がイギリスで抱えた悩みに立ち向かった時のことが記されている『文学論』という本であった。ただ、この本は古い文体で書かれていたので、先生はそれを現代風に訳しながら話してくれた。

大学を卒業して数年後、遠いロンドンの孤灯《ことう》の下で、私の思想ははじめてこの問題にぶつかった。人は、私のことを幼稚であるというかもしれない。私自身も幼稚であると思う。これほど明らかなことを遥々《はるばる》ロンドンの果てに行って、考えついたということは、留学生の恥辱になるかもしれない。しかし、事実は事実である。私がこのときはじめて、この事に気がついたのは恥ずかしいが事実である。

私はここにおいて根本的に文学とはどのようなものかという問題を解きあかそうと決心した。同時に、留学の残り一年間すべてをこの問題の研究の第一期に充てようという考えにいたった。

私は下宿に立て籠もった。すべての文学書を蓋付きの箱に押し込んだ。文学書を読んで文学がどのようなものかを知ろうとするのは、血で血を洗うような手段だと信じていたからだ。私は心理的に文学とはどのような必要があって、どのように生じ、発達し、退廃するかを明らかにしようと誓った。私は社会的に文学とはどのような必要があって、存在し、隆興《りゅうこう》し、衰滅するのかを明らかにしようと誓った。

(『文学論』)

「遠い異国の地で、漱石は文学というものが心理的にも社会的にもどのような意味を持つのかを探究しようと決意した。その決意を胸に抱えて留学先から帰国し、数年後、漱石は『吾輩は猫である』や『坊っちゃん』などを執筆し、小説家としてデビューする」

先生は開いていた本を閉じ、僕の方を向いて言った。

「漱石は、教師に向いているかどうか悩んでいた時から、自分の価値観を一度疑うことで、自分の耕すべき土地を見つけた。その土地に鍬《くわ》を入れ、文学という成果を実らせることになっていくわけだ」

霧の中で立ちすくんでいる僕も、いつか漱石のように目の前が開けることがあるのだろうか。

僕は思わず心の声を先生に漏らしてしまった。

「……。**先生、僕の人生はこのままでいいのでしょうか**」

「その疑問を持った段階から、君はすでに答えを見つけている」

ここから僕と先生の長い対話の物語が始まった。

ヘーゲル先生の教え

悩みを自覚したときから、
すでに答えを見つけている

1章

先人の肩を借りる

「君の悩みは歴史のある根深い問題だから、すぐに解決できる答えはない。だから、まず最も効果のある方法の話からはじめよう」

先生はそう言うと、机の上に置いてあった本や書類を片付けて、僕の方を見てニヤリとした。

「これからする話は勉強の話ではない。知らない知識や歴史の話をするけれど、何一つ覚える必要はない。それよりも、おしゃべりすることが大切なんだ」

「おしゃべりですか？」

「そう、おしゃべり。まずはやってみよう」

他人の生きた道筋を知ることで、自分の道が見えてくる

「君のように自分の価値観が揺らいでいるとき、**他の人の生きた道筋を知る**ことが助けになる。先ほどした漱石の話のようにね」

僕はいままで耳にしたことがない、生きた道筋、なんていう表現に引っかかった。

「生きた道筋ってなんですか？ 生き方と違うんですか？」

「生き方なんていうと、一言でまとめたものだったりするだろ。質素倹約であれとか、隣人を愛せ、好きなことを仕事にすべきなどそういったものだ」

「よく聞くことわざみたいなやつですね」

「これらの言葉には、それなりの含蓄《がんちく》があるのだろうが、いろいろな解釈があって、意味がどうもよく分からないだろ？」

「あ、それ分かります。都合のいいときに、そういったフレーズを使っちゃうんですよね。昔、テスト勉強をどうしてもしたくないときに、生きているだけで丸儲け、みたいなこと言って勉強サボったことあります」

先生は「そんなこと言ってたのか」と呆れたように苦笑した。

僕が「今はしないですよ」と言うと、「分かった、分かった」と頷き、話を続けた。

「他の人の生きた道筋は、その人がどのような人生を送り、どのような言葉を残したのかを知ることで見えてくる。そうすれば、**おのずと自分が進むべき道を見つけることができる**」

「おのずと自分の進むべき道が見えてくる……？」

そんなにうまい話があるのか、ちょっと不安になってきた。

僕の怪訝《けげん》そうな顔をちらりと見て「そうだな」とつぶやくと、先生は机の上に置かれた漱石の本を指さして言った。

「漱石の話を聞いて、君は何か気づいたことあるかい？」

「う〜ん……、漱石のような昔の偉人でも、僕と同じようなことで悩んでいたのが驚きです。それに、こういう生き方もあるのかな、とうまく言葉にならないんですけど」

「それだけ分かれば十分、十分。ちょっとは自分の道が見えただろ？」

「え？　見えたんですか？　僕の進む道が？」

「ちょっとだけね」

「う〜ん、僕には全然見えないですけど……」と、首をかしげながら僕は答えた。

「自分の変化は気づきにくいものだ。あせっちゃいけない。**自分だけを見つめても、自分を知ることは難しいからな。しっかりと他人の肩を借りなきゃ**」

なんだか煙に巻かれたような気がしたが、先生のことだから信じてみようと思った。

この時、先生がニヤリとしたのをぼんやりと見過ごしていた。

「おしゃべりする読書」の効用

「そもそも、他の人の生きた道筋を知ればいいって言いますけど、どうすればいいんですか？」

「**自伝や伝記、そしてその人の著作を読めばいい**。へーゲルだって、晩年まで同じことをしていたぞ。しかも、それをまとめたものを大学で講義していた」

「そうなんですか？」

またしてもへーゲルの名前が出てきたことに驚いた。

「へーゲルは、一人ひとりの思想家の思想を紡ぎ合わせた、『哲学史講義』と呼ばれる、哲学史についての講義をしていたからね。これは学問の歴史の中で初めての試みであった。もちろん、それ以前にも哲学者の考えを年代ごとに並べる哲学史はあった。ただし、ヘーゲルに言わせれば、そういった哲学者の羅列は『愚か者の画廊』と批判している」

「何が違うんですか？」

「ヘーゲルは、単にそれまでの哲学者たちの思想や学説を並べるのではなく、時代背景や一人ひとりがどのような人物であったかも含めて学び、自分なりの理解を築いていったんだ。そして、それを反映させて一つのまとまった思想として練り上げていった。

この講義では、二千年以上前の古代ギリシャで活躍したタレスから始まり、ソクラテス、アリストテレス、ルター、デカルト、スピノザ、カント、そして同時代のフィヒテなど、総勢百人以上の人物を視野に入れて語っている」

「自伝と著作を読めばいいといった、簡単そうだった話が、いきなり難しい話になってきたんですけど……」

「あれま、そう感じたか。ヘーゲルの話を出したのは、自伝や伝記、著作を単に読むだけではなく本とおしゃべりをしてくれという意味で言ったんだ」

先生はそう言って、十分な説明をしたかのような素振りを見せた。

読むのではなく、本とおしゃべりする？

「どういう意味ですか？」

「君は本とおしゃべりしてないのか？」

「本はしゃべったりしませんよ」と、僕が答えると、先生は驚いたように言った。

「本を読むときに『これってどういうこと？』と疑問を投げかけながら読んでないの？」

先生は目を見開いて、言った。

「え、そんなことするんですか？」

先生の驚いた様子に、僕の方が驚いた。

本とおしゃべりした方がいいなんて、言われた記憶がない。

「これくらいは伝えたと思ったんだがなぁ。それはすまなかったな」

「いや、謝らないでくださいよ。僕がいつものように、右から左に聞き流していただけかもしれないですから」と僕が言うと、先生は笑った。

「ハハハ。それならもう一度、おしゃべりする読書について話そうか。**本とおしゃべりできるようになれば、君のような悩みはパパッと解決するんだから**。

この話を理解するには、いま授業でやっていることを聞いてもらった方が早そうだ。ちょうど最近、大人向けの授業が始まったばかりだから、その時の話をしよう」

簡単な話はつまらない

先生は昔から、同じ廊下に面した書斎の隣にある、こじんまりとした部屋で授業をしていた。

そこは小さな教室と呼ばれ、書斎と同じように本に囲まれた部屋であった。多いときは十人くらい、少ないときは二人くらいの人数で、長方形の大きな机を先生も一緒にぐるりと囲んで授業をしていた。僕は本を読んだり、借りたりするためにこの場所に来ていたので、教室に入って本を探したことはあっても、授業に参加したことはなかった。

「そういえば、君は一度も授業に参加してなかったな？」

「そうですね。でも、本の読み方であったり、文章の書き方みたいなのを教えているっていうのは知ってますよ。たまたま隣の部屋で授業をやっていると笑い声が聞こえたりしてましたから。たしか、海外の本を題材にして、そんな授業してたんですよね？」

僕は教室のある方を見ながら答えた。

先生は頷きながら言った。

「そうだな。いま君と話しているように気軽におしゃべりしながら、洋書を題材に授業をしている。最近始まったばかりのクラスは、大学二年生のアカリと社会人のタカヒロの二人が参加している」

先生のところにやって来る人は昔から男女半々のことが多かった。

今回のクラスも同じように男女のクラスのようだ。

「どんな人たちなんですか？」

「アカリは、中学生の時に読んだサン＝テグジュペリの小説『星の王子さま』に心惹かれた経験から、フランス文学を学ぼうと大学に入学した。しかし、大学の講義はそれなりに面白いと感じていたものの、何をすればいいのか分からなくなってしまったという。サークルや部活に入って四年間を過ごし、普通に就職した方がいいのか。それとも大学院に行くことを考えた方がいいのか。そんな漠然とした不安を抱えて、大学の一年間を過ごしていた。そんな時、アルバイト先の書店でたまたま私の本を見つけて読んだようで、ネットから授業の申し込みをしてきた。彼女にとってこの授業への参加申し込みは、人生で一番の決断だったそうだ」

「僕と同じように、自分の道を探しているんですね。彼女の方がしっかりしてそうですけど」

会ったことはないけれど、真面目そうな女性なんじゃないかと想像した。

「もう一人の参加者はタカヒロだ。ほら、君が中学生のときに会ったことがあるだろ？」

「タカヒロさんですか……？　もしかして、アメリカに交換留学に行った、イケメンで背の高いタカヒロさんですか？」

「ハハハ、そのタカヒロだ」

タカヒロさんは留学前の数ヶ月間、夏休みを使って先生から英語を教わっていた。気さくな人で、何度かラーメン屋にも連れて行ってもらったこともあった。

でも、なぜ先生のところにまたやって来ているのか気になって、僕は質問をした。

「タカヒロさんって、もう仕事をして結構経ちますよね？」

「もう十年弱くらい経ったんじゃないか」

「仕事をしているのに、またここに来ることになったんですね」

「どうやら、彼女にフラれたことがきっかけらしい」

「え、あんなにイケメンで、性格もいいのにフラれるんですか⁉」

「ハハハ、本人は『自分にはデリカシーがなかった』と分析していたな」

僕にはあんなにも優しかったタカヒロさんが、デリカシーがないなんて信じられなかった。

あのタカヒロさんでだめなら、いったいどんな人が良いというのだろう。

「さて、二人が参加している授業では、近代以降の出来事を大きな視野で捉え直すことを目標にしていた。その出発点として、今からおよそ五百年前、近代に入る直前のヨーロッパ中世末期について書かれた著作『中世の秋』を一緒に読んだ。いきなりだと少し難しいと感じるかもしれないが、めげちゃいけない。後でもう一度、かみ砕いて解説をするから安心してほしい」

「はじめから難しいなんて言われると身構えますよ。昔から思っていたんですけど、簡単な話でいいじゃないですか？」と僕が言うと、先生はさも当然のように、

「何を言っているんだ、簡単な話ではつまらないだろ」と答えた。

簡単なものはつまらない。先生は簡単なもので楽をするという考えをしない。

昔からそんな人だったことを思い出した。

「誰かの肩越しに世界を見るのがいい。そうすれば、その人が見た世界を覗くことができる。**だから、他人の肩を借りるなら、ちょっと背伸びをするくらいがちょうどいい**。新しい世界が見え、君の疑問に対する答えにもなるんだから」

先生はニヤリとしながら言った。

「……えっと、『中世の秋』でしたっけ？　初めて耳にするんですけど、どういった本なんですか？」

「『中世の秋』は、オランダの歴史家ホイジンガによって書かれたもので、一四、一五世紀の中世ヨーロッパの歴史を扱っている。この本は、第一次世界大戦の最中に執筆され、一九一九年にオランダで出版された。その後、様々な言語に翻訳され読まれることになる」

「かなり古い本ですね」

「今から百年以上前の本だが、いま読んでも古さを感じない、とても興味深いものだ。ホイジンガがこの本を執筆しようとしたきっかけは、一九〇七年の日曜日、散歩をしているときに浮かんだある着想が元になっている。それは、中世末期は未来を指し示すものではなく、過ぎ去るもの、枯れ衰えるものとして捉えることができるのではないか、というものであった。

当時の通説では中世はルネサンスのための準備期間と考えられていた。しかし、彼は通説とは違った捉え方を思いついたというわけだ」

「つまり、新しい中世の歴史書ってことですか？」

「さて、どうだろうねぇ。その話題に言及しながら、本とおしゃべりすることが授業のテーマになっていた」

そう言うと先生は授業について話し始めた。

授業　ホイジンガ『中世の秋』

部屋の中央に置かれた六人がけの木製テーブルに、アカリとタカヒロは緊張しながら向かい合わせに座っていた。部屋の壁一面の本棚には、大きな本から小さな本、外国語の本、最新の歴史書や伝記漫画、クラシック音楽のCD、辞書や図録などがぎっしりと詰まっている。

授業の時間になると、先生は「準備はできているかな?」と言って、廊下を挟んだ隣の書斎からやって来た。先生は入り口の扉の近くに座っているタカヒロの隣に座ると、それぞれに軽く自己紹介をしてもらって、さっそく授業に入った。

「今日の本の内容に入る前に、この絵を見てもらおう。どう思う?」

そう言って先生は二人の前に画集を広げた。

アカリはやや緊張した声で、

「ヨーロッパの古い絵画ですか?　色鮮やかできれいですね」と答えた。

一方、タカヒロは「かなり精密に描かれていますね」と感心した様子で言った。

「二人はこれがいつ頃に描かれた絵だと思う?」

「えー、色鮮やかですから、ルネサンスとか、その後の時代の絵ですか?」とアカリは言った。

その答えを聞いた先生は「タカヒロは?」と訊ねた。

「これはクイズってわけですね。自分は絵のことは全然分からないので、他の情報から推測すると……、今日のテキストが『中世の秋』ですから、中世だと思います」

「ハハハ、正解だ。これは一四世紀のヨーロッパ中世末期に、ヤン・ファン・エイクというオランダの画家によって描かれたものだ」

「えっ、これって中世の絵なんですか?」とアカリは驚いた。

「アカリは、中世についてどんなふうに思っていたの?」

と先生は聞いた。

「そうですね……。中世についての印象は、なんとなく暗い時代というイメージです。伝染病のペストが流行したり、長い戦争があったりしたので。

それに比べて、その後に続くルネサンスの時期は、レオナルド・ダ・ヴィンチやミケランジェロといった有名人がいるイメージで、明るく華やかな感じでしょうか」

「タカヒロは?」

「受験では世界史をやらなかったので、さっぱりです。ゲームの世界やファンタジー映画の世界みたいなものでしょうか。そもそも、中世末期ってなんですか?」

タカヒロの質問を受けて、先生は説明した。

「まず中世という時代区分は、定義はいろいろあるんだけれど、多くは四七六年の西ローマ帝国の滅亡から、一四五三年の東ローマ帝国の滅亡の時期、つまり五世紀から一五世紀までのおよそ千年間の時期のことを指している」

「へぇ〜、千年近くもあるんですか。かなり長いんですね」

タカヒロが驚いたように言った。

「これだとあまりにも長いから、歴史学者たちは理解しやすいように、五世紀から十世紀を中世前期、一三世紀までを中世盛期、一五世紀までを中世末期あるいは中世後期と特徴で分けて名付けているんだ」

先生は「学者や人によっては他の理解もあるけれど」と、断ってから話を続けた。

「『中世の秋』は、その中でも中世末期にあたる一四、一五世紀を題材にしている。作品名に秋という季節の言葉が入っているのは、この本の全貌をよく表していると言われている」

「どういうことです?」とタカヒロは質問した。

ヤン・ファン・エイク『ファン・デル・パーレの聖母子』

「この本が出版された当時、アカリの印象と同じく、中世末期というのは輝かしいルネサンスが訪れる、夜明け前のようなものだと思われていた。しかし、ホイジンガは、中世末期をそのような準備期間ではなく、成熟した中世文化の実がなる、秋のような時期と考えたんだ」

「へぇ〜、文明の発展の段階を季節にたとえるなんて、洒落《しゃれ》てますね」

タカヒロはそう言うと本を手に取り、タイトルをまじまじと見た。

先生はそんなタカヒロを横目で見ながら話を続けた。

「ホイジンガは歴史家として世間に名が通っているけれど、自分のことは『本当の歴史家にはついにならなかった』と、まるで正反対の評価をしていた。そんな彼の生涯を軽く話しておこう。彼は一八七二年にオランダの北東部フローニンゲンで生まれ、生涯を通じてオランダを中心に活動した。五九歳のときオランダで一番の大学であるライデン大学の学長に就任し、翌年には王立科学アカデミーの会長に選ばれている」

先生は二人がメモを取り始めた姿を見ながら、さらに話を続けた。

「ところが、アカデミーの会長になった年、隣国ドイツでヒトラーが首相に指名されると、ヨーロッパ社会は急変していった。ヒトラーの首相就任から六年後には第二次世界大戦が始まり、オランダはドイツによって侵略されてしまう。

このとき、ホイジンガはヒトラーを公《おおやけ》に批判していたことから、強制収容所に一度収監される。ただし、健康上の理由や国際的な批判もあって、間もなく解放されることになるが、その後も小さな村で軟禁状態が続けられた。その間に自伝『我が歴史への道』を執筆。その自伝を書き上げた二年後、占領されたオランダに解放が迫る中、生涯を閉じることになった」

「最後はすこし残念ですね」と、タカヒロは感想を言った。

先生は「そうだな」と頷いてから、「さて、彼が歴史家になるまでの経緯を見ていこう」と言って話を続けた。

「ホイジンガが初めて歴史というものに出会ったのは、小学一年生の時に目にした仮装行列であった。これは四百年前の出来事を仮装で再現したもので、老年になってもこの体験についていきいきと語っている。

また、他に歴史への興味を持つようになった要因は、小学四年生の時に受けた歴史の授業や、歴史好きの兄がいたことも大きかったようだ。一二歳くらいまで、兄と一緒になって古い硬貨を集めたり、貴族社会で使われていた紋章について興味を持っていたりした。特に紋章について『知らないものはない』といった具合だったという」

「へぇ〜、小さい頃から没頭するくらい好きだったことを、仕事にできた人なんですね。いいですね」

タカヒロがそう答えると、先生は「そうだったら良かったんだけどねぇ」と言った。

「彼の歩んだ道のりを見ると、いろいろな寄り道をしていて、決してまっすぐに進んだわけではない。大学を卒業するまでは、歴史より言葉に関して興味があったみたいだ。

ギムナジウムという中高一貫校に在学中、すでにギリシャ語、ラテン語が得意であったという。さらにアラビア語やヘブライ語も学びはじめ、それさえも良くできたようだ。そんなこともあって、ホイジンガは語学の道を目指すことになる」

「大学に入る前なのに、そんなに語学ができたんですか?!」と、タカヒロは驚いてしまった。

「語学の才能があったんだろうな」

「才能ですか……」と、タカヒロはため息をついた。

「何が得意か、何に興味を持つかは人それぞれだからな。タカヒロの場合なら、泳ぐのが得意で、昔は『陸で歩くより、水の中で泳いでいたほうが楽』なんて言っていたじゃないか。ホイジンガの場合は、それが語学だったわけだ」

「まあ、他人の才能を妬んでも仕方ないですからね。こういったことは人それぞれですし、多様性、多様性」とタカヒロは、背筋をピンと伸ばして言った。

先生は微笑みながら「そうだな」と頷いた。

◇◇◇

「話を戻そう。ホイジンガが語学にのめり込むようになったきっかけは、一二歳の時に受けたラテン語の授業だった。担当の教師から、時代とともに単語の表記や発音が、規則性を持って変化していったことを教わり、そのことについて興味を持ったようだ。この授業がきっかけとなり、ホイジンガは言語学を学ぶことに決めたという」

「へぇ〜、いい先生に出会えたんですね」と、アカリは羨ましそうに言った。

「どうやらそのようだ。大学は、彼の家の経済的な事情もあって、地元のフローニンゲン大学の文学・哲学部オランダ文学科に入学している。そこで比較言語学やオランダ文法学、そしてオランダの歴史を学んでいる。

彼は歴史や言語だけでなく、文学も好きだった。学生時代は、『学問を芸術のはるか下に置き、生命は内心の最も奥深いところにある』なんて調子で考えていたようだ」

アカリは、フフフと笑いながら、「それならちょっと共感できます」と言った。

「そうかい、そうかい。ホイジンガは大学を卒業後、比較言語学を学ぶため博士課程に進もうと考えた。このとき、博士課程進学の試験で必須となっていた、サンスクリット語を勉強することになる」

疑問を感じたアカリは質問した。

「サンスクリット語って古代インドの言葉ですよね？　どうしてそんな言語を学ばないといけないんですか？」

「言語学の発展の歴史が関係しているのだろうな。というのも、現在の言語学はイギリスがインドを植民地化したとき、そこで使われていたサンスクリット語とヨーロッパのギリシャ語やラテン語が似ていることを発見したことから始まっているからだ」

「へぇ～」とアカリは答えながら、いま聞いたことをノートにメモした。

「言語に興味があったホイジンガは、すぐにサンスクリット語の虜《とりこ》になる。一年後には、説話を原文で読むようになり、その理解を深める中でインドの宗教思想や神秘主義の問題に関心を寄せ、ついにはヒンドゥー教の聖典にまで手を伸ばすようになっていた。そういった背景もあって、博士論文では最終的に古代インド演劇に登場する道化をテーマにした『インド演劇におけるヴィデュシャカ』を執筆し、学位を取得している」

「こうやって話を聞くと、得意な語学を活かして、トントン拍子に人生が進んでいるように聞こえますね」とタカヒロが感想を言った。

「ホイジンガ自身も楽観的に、人生なんて勝手にうまくいくと考えていた。ところが、就職についてはそうはいかなかった。そのことが彼の自伝『我が歴史への道』に書かれている。

これからの生活について、私はいままで何の心配もしたことがなかった。その時になれば、たぶん私の行く方向が何らか明らかになるだろう、という漠とした期待の中に何となしに生きていた。しかしそんな具合には決してならなかった。そしてだしぬけに、私は自分に全く魅力のない教職を求めるということになった。

（『我が歴史への道』）

大学院で学びながらも将来の見通しが立たず悩んでいた彼は、父親と一緒に新聞を読んで就職先を探していると、たまたま高校の教員募集を見つける。そして応募すると、運良く歴史の教師として採用されることになった。

「そうはいっても、仕事が決まったなら良かったですね」とアカリは明るく言った。

「たしかにホイジンガは、学校で歴史を教えることになった。でも、彼自身としては、自分のことを教師というよりも、サンスクリット学者だと考えていたようだけどね。だから、学校で歴史を教えながらも、自主的に古代インドの医学や宗教などの研究を続け、東洋学の学会などにも参加している。

この時も、彼の将来を捧げることになる歴史への興味は変わらず続いていた。しかし、歴史は趣味でやることだと思っていたようで、研究職に就こうという考えは持っていなかった。彼にとって歴史とは、子どもの頃に感じていた古い硬貨や紋章への興味、つまり空想的な興味の延長でしかないと考えていたんだ」

「ならどうして、この後、歴史を研究する道を選ぶようになるんですか？」とアカリは聞いた。

「いい質問だ。それには高校の教師のままでいいのかと悩み、他の仕事を探し始めたことが関係している」

「え、仕事を辞めちゃうんですか」とアカリは言った。
「いきなり仕事を辞めたりはしなかった。すでに家庭を持ち、慎重な人でもあったからな。彼は高校で教えながら、その傍らアムステルダム大学の講師になり、そこでインド仏教を教えはじめた。この時に転職活動もやっており、王室図書館の管理者や国立古代博物館の学芸員といった職を探している」
「この時も歴史と直接関係なさそうな仕事を探していたんですね」とタカヒロは指摘した。
「冴えてるじゃないか、タカヒロ。実はこの歴史とは関係ないことをしていたのがよかったようだ。古代インドの勉強をしたり、古代博物館の就職活動をしているときに、ホイジンガは自分の心が動いていないことに気がつく。

私が強い関心をもってアタルヴァヴェダと仏教の教説について学んでいたちょうどそのころ、私は東方の世界に対して、自分がはなはだしく無縁で離れていることをますます感じるようになった。私の友人のフォーヘルが感激し心から傾倒して実行したように、自らインダス河とガンジス河のある土地を知りたいという希望は、一度も私の心を動かしたことがなかった。

（『我が歴史への道』）

ずーっと古代インドの勉強をしていたのに、現地に行きたいと思わないことに気がついてしまったんだよ」

夏、古オランダ美術展を見たことをきっかけに、彼は歴史学への道へ進む決意を固める。

一方で、自分が昔から中世ヨーロッパに心惹かれていることを自覚していく。一九〇二年の

「ホイジンガは、それまで学んできたことに、本当のところで興味が湧かないことに気づく

「へぇ〜」

私を引きつけるものは、もっと近くにあるということ、とくに、私が精神上の接触を一度もなくしたことのない中世の西洋にあることが、私にはいよいよはっきりしてきた。とはいえこの引力は、学問の形では現れなかった。それはいつでも、直接ふれ合いたいという漠然とした幻想的な欲望であって、この欲望は他の何かによるよりも、むしろ造形芸術の表象によって養われた。この点から見て、一九〇二年の夏にブリュージュで開かれた古オランダ美術の展覧会は、私にとってもっとも重要な体験となった。

(『我が歴史への道』)

ここから、ホイジンガの言葉を借りれば『決死の大ジャンプ《サルト・モルターレ》』をして、言語学から歴史学へ進む道を変えたんだ」

「えっ！　でもこれって、自分の興味があるものに気がつくまで、何年もかかったってことですよね？　そんなことありえます？」

ホイジンガの鈍感さに、アカリは驚いた。

「こういったことは結構ある。特に小さい頃から得意なことがあったりするとね。彼の場合は、それは言語になるわけだ」

「そうなんですか……」とアカリは腕を組み、眉間にしわを寄せながら言った。

「歴史の世界に帰りたいという欲求が高まったホイジンガは、大学時代の恩師に相談し、『ハーレム市の成立』という論文を書くことになる。その論文によって歴史学の実力を示すことで、彼は母校の大学で歴史学教授に採用される。この時、彼は三二歳だ」

話を聞いていたタカヒロは、腕を組みながら、

「なんだか漱石みたいな人ですね。学校の先生を一度やったあと、自分のやりたいことに気がついて、新しいことを始めるなんて」

「そうだな。二人とも大きな回り道をして、自分の進むべき道へと歩んでいったと言えそうだ」

アカリは少し考え込むように言った。

「なんとも不思議な経歴です。こういった専門家の人って、回り道せずに好きなことを勉強して、順調に仕事に就くものだと思ってました」

「いろいろな生き方があるってことだ」

先生はさらに、「アカリにも今からは想像もできないような将来があるってことでもあるんだぞ」と付け加えると、アカリがハッとした顔をした。

授業が始まったときよりも、二人の様子はだいぶ和らいだ。アカリのこわばった表情は解け、タカヒロもリラックスして椅子に座るようになった。

先生はそんな二人の様子を見て言った。

「さて、これから本格的に読む『中世の秋』は、中世のオランダで活躍したフランドル画派のファン・エイク兄弟とその弟子たちの芸術を、当時の生活全体の中で捉えたい、という構想から執筆されたものになる。いったん休憩を挟んで、本文に入ろう」

休憩の時間、二人はお互いをもう少し知るために、自分たちで自己紹介をすることにした。アカリは所属する大学でフランス文学を学んでいることを語り、タカヒロは経理の仕事をして七年目であること、先生と大学時代から付き合いがあったことを語った。そして、先生は他の人からヘーゲル先生と呼ばれていることをアカリに教えてあげた。

◇◇◇

「さて、本文に入ろう。今日は初回の授業だから、一緒に読みながら内容を検討していく。タカヒロ、はじめの段落を読んでくれ」

Ⅰ　はげしい生活の基調

今より世界が五百年ほど若かった頃、あらゆる人生の出来事は、現在よりもくっきりとした輪郭を持っていた。苦しみと喜びとの隔たり、災厄と幸福との隔たりは、今よりずっと大きかった。あらゆる経験や体験と呼ばれるものには、子どもが喜び悲しむときの心にいまなお窺《うかが》える直接性と絶対性があった。

（『中世の秋』）

タカヒロが読み終わると、先生は解説を始めた。

「この本が書かれるより五百年前、つまり一四〇〇年頃の中世末期において、人生におけるすべての出来事は鮮明で、感情や境遇への変化ははっきりとしていた。同時に、子どもが昆虫を見つけて喜んだり、大切なコップを落としたときに悲しむようなありのままの感情を、大人も同じように感じていた時代でもあった、と書いてある」

読んだところを簡単にまとめた先生は、「どう思う?」とタカヒロの方を向いて感想を求めた。

「う~ん、これってちょっと大げさではないでしょうか。当時の人は大人になっても子どものように感じたりするなんて」

「つまり、タカヒロは子どものように感じたりしないわけだ」

「そんな恥ずかしいことはできないです」

そんなタカヒロの意見に、アカリは訝《いぶか》しげだ。先生は授業を続ける。

「タカヒロの意見が正しいかどうか、もう少し先を読んで確かめてみよう」


災厄と欠乏に対して和らげる手立てはなかった。おぞましくも苛酷なものだった。病は健康の反対の極みにあり、冬のきびしい寒さとおそろしい闇とは、災いそのものであった。名誉と富とがより熱心に、より貪欲に享受された。というのも、いまにくらべて、貧しさがあまりにもみじめすぎ、名誉と不名誉の差が、あまりにもはっきりしすぎていたからである。

(『中世の秋』)


先生は当時の時代状況を補足して説明した。

「この段落では当時の生活の厳しさが書かれている。中世末期、黒死病と呼ばれるペストが流行し、ヨーロッパにおいて人口の三分の一が亡くなったと言われている。今よりも死が身近であったのは疑いようもない。加えて、地球規模で気温が低くなる小氷河期に突入していたことが、今では分かっている。

他の要因もあるだろうが、ペストにより人手も足らず、作物を育てるには天候も悪かったことも相まって、幾度となく飢饉に苦しみ、食うにも困る貧しい時代だった」

先生は二人の顔をちらりと見比べてから質問した。

「こういった状況を踏まえて、アカリはどう？」

「う〜ん、当時の状況を聞くと暮らしは苦しそうですが、正直なところ、今の私たちの生活と違いすぎて、想像もできません」

「そう、想像するのも難しいな。それがポイントだ。ホイジンガは冒頭で、中世と現代では価値観が大きく異なっている世界であったことを伝えたかった。少しだけ後のページになるが、当時の出来事の一つとして次のような話が書かれている。


ドミニコ派の聖ヴァンサン・フェリエが説教にやって来るたびに、どこの町でも民衆や役人、司教や高位聖職者まで加えた聖職者たちが、賛美歌を歌いながら彼を出迎えた。……（略）……ヴァンサンが説教する場所では、彼の手や衣類に接吻をしようと押し寄せる人々から、彼と彼のお供を守るため、木の柵を組まなければならなかった。彼が説教をしているあいだ、仕事は休みになった。聴衆は涙をこぼさないことはめったになかった。最後の審判や地獄の責苦、あるいは主の受難などに話が進むと、彼自身も聴衆とともに、激しく嗚咽《おえつ》し、その泣き声が静まるまでのかなりの時間、説教は中断されることになった。しかも、罪人は人々の前で地面に身を投げ出し、涙とともに悪行の数々を告白したという。

（『中世の秋』）

最初にタカヒロが、『大人が子どものように感じるなんて大げさだ』と言ったが、それは現代人のタカヒロの立場から見たものだ。ホイジンガはこの本の冒頭で、現代の価値観とは大きく異なる中世の世界観を伝えようとしていたわけだ」

「へぇー、そういうことを言いたかったんですね。人前で泣き叫んでいるのが、これほど身近な出来事だったなんて、こういった表現が適当か分かりませんが、面白いですね。歴史にあまり興味がなかったんですが、この本を読みたくなってきましたよ」

とタカヒロは興味深げに言い、本を手に取りながら、

「でも、この本って、自分が今まで想像していたような、歴史書って感じではないですね。小説とは言わないまでも、やけにいきいきとした文章なんですよ」と付け加えると、先生はニコリとしながら言った。

「大切な点に気がついたな、タカヒロ。それは編年体で書かれたものではないからだろう」

「編年体ってなんですか?」

タカヒロが用語について質問すると、先生は紙に年号を書き、解説を始めた。

「編年体とは、歴史の流れに沿って出来事を記述する方法だ。一五六二年、フランスでプロテスタントとカトリックが戦うユグノー戦争が勃発。一五九八年、ナントにおいてフランス王アンリ四世が、プロテスタント信者に対してカトリックと同じ信仰の自由を認めるナントの勅令を発布することで、ユグノー戦争は終結。宗教対立は一応の決着がつく、といったよ

うに出来事を年代順に記述する方法だ」

「つまり、よくある歴史書ってことですね」とアカリが言った。しかし、アカリは先生がなぜわざわざこの話をしたのか意図が分からず、思わず訊ねた。

「こういった記述方法に、気をつけるのが大切なんですか?」

「もちろんだ。歴史の本であるのに、わざわざ一般的でない方法で書かれているんだから、著者がこの書き方を選んだ理由に注目したほうがいい」

アカリは少し戸惑いながら聞いた。

「こういった本って、内容を理解しながら読むものですよね?」

「そうだなぁ」と言いながら、先生はアカリの困惑した表情を見て、「そういう質問が出たのはいい機会だから、本が持つ基本的な特徴について話しておこうか」と続けた。

アカリは、思いもしなかった先生の返答に驚いた。

「本の特徴ですか?」

「ずっと頭を使うと疲れちゃうから、コーヒーでも飲みながら続きの話をしよう」

本をパタンと閉じると、コーヒーを淹れに先生は席を立った。


その場に残された二人の会話はアカリから始まった。タカヒロは社交的な子だなと思いながら、アカリの質問に答え、自分が具体的にどんな仕事をしているのか話をした。二人の雰囲気が少し良くなった頃を見計らい、先生は自分のコーヒーを持って戻ってきた。

◇
◇
◇

「二人はどうやって本を読んでいるんだい？」と先生は二人に質問をした。

「どうやってですか……？　作家ごとに読んだりとか、う〜ん、私は普通に読んでいるつもりですけど。難しい本なら、単語を調べたり、大学の講義とか読み方を教わったりとかしながら、読む感じですね」とアカリは答えた。

「自分は気に入ったところに線を引いたりしますね。あと、思いついたことを本の余白に書き込んだりします。そうしたほうが理解できるんで」とタカヒロは答えた。

先生は二人の意見を聞いて話を始めた。

「二人とも内容を理解しようとしながら、読んでいるってわけだ」

「はい」

「では、その内容を書いているのは誰だ？」

二人は先生の質問の意図が分からず、首を傾げている。

「著者だろ。**本の基本的な特徴は本を書いた人がいる**ということだ。法律や伝承などの特殊な例を除けば、通常一人の人によって本は書かれている」

一方タカヒロは腕を組みながら先生に答えた。

「たしかに著者が書いている、言われてみれば当たり前ですね。それって当たり前の話すぎませんか？」

先生は二人を見ながら会話を続ける。

「その当たり前のことが、本を読んでいるうちに抜け落ちてしまう。内容を理解しようと集中するあまり、著者の存在を忘れてしまう。そうなると、書かれていることがまるで絶対的な真実や事実のように感じられるようになる」

アカリは、今まで意識してこなかったことを指摘され、「たしかにそうかも」と小さい声でつぶやいた。

「著者だって一人の人間だ。そのことを無視して本を読むと、どうしても独りよがりの読み方になってしまうものだ」

先生は本を手に取り、さらに話を続けた。

「そもそも、著者はなぜ文章を書くのか。それは、語りたいことがあるから書く。語らなければならないことがあるから書く。そして、同時にその文章を読む人がいることで、本は成り立つ。これは日常のおしゃべりと何ら変わらない。話す人と聞く人がいて、初めておしゃべりが成り立つように、**読書もおしゃべりだ**。相手の話に同意したり、否定したり、共感したりすることで話が続いていくようにね。そう思わないか？」

　タカヒロはどこか納得いかない様子で首をかしげ、質問をした。

「でも、読書はおしゃべりと違って一方通行ですよね」

「そんなことはないよ。本を読む時に**『著者はなぜこう書いたのか？』**と問いを立てながら読めば、著者とおしゃべりができる」

「本に問いかけながら読むんですか？」とタカヒロは返した。

　先生は頷きながら、

「そうだ。そして、問いかけながら読むことは、本を深く読むことにつながる。書いてあることをそのまま信じるような読み方は、そろそろ卒業しなきゃ」

「卒業ですか……」

　タカヒロは先生の言葉を聞いて、背もたれに体重をかけた。

◇◇◇

　先生は二人に歴史の年表が書かれた紙を渡して言った。

「この年表は、ホイジンガが『中世の秋』を書くまでの歩みに、焦点を当てたものになる。

一八七二年　ヨハン・ホイジンガ、オランダのフローニンゲンに生まれる
一八九一年　フローニンゲン大学文学・哲学部オランダ文学科に入学
一八九七年　古代インド演劇に関する論文で博士号を取得
一九〇三年　アムステルダム大学でバラモン教と仏教について講義
一九〇五年　『ハーレム市の成立』を発表
　同年　歴史学教授になる
一九一一年　『中世の秋』の構想を抱く
一九一四年　第一次世界大戦勃発
一九一八年　第一次世界大戦終結
一九一九年　パリ講和会議
　同年　『中世の秋』オランダ語原典出版
一九二四年　『中世の秋』英訳本出版
一九四五年　没

『中世の秋』のオランダ語原典が出版されたのは、第一次世界大戦が終わった翌年だ。戦後の処理を決めたパリ講和会議が開かれていた当時、ヨーロッパではアジアが注目されていた。

日本が戦勝国としてパリに乗り込み、中国は有望な市場として欧米から関心を集めていた時期になる」

先生は二人が年表を読み終わるのを待ってから、ニヤリとして言った。

「当時の状況やホイジンガの経歴を踏まえると、何か疑問が浮かばないか？　冒頭の世界という言葉についての疑問が」

「どういうことですか？」

冒頭の文章をもう一度先生は読み上げた。

> 今より世界が五百年ほど若かった頃、あらゆる人生の出来事は、現在よりもくっきりとした輪郭を持っていた。苦しみと喜びとの隔たり、災厄と幸福との隔たりは、今よりずっと大きかった。あらゆる経験や体験と呼ばれるものには、子どもが喜び悲しむときの心にいまなお窺《うかが》える直接性と絶対性があった。
>
> （『中世の秋』）

二人ともじっくりと聞いていたが、どうにも分からない顔つきのままであった。

それでも見逃しているのではないかと考え、再度文章に目を通すが、眉間のしわが深まるばかりであった。

そんな二人の姿を見て、先生は言葉をかけた。

「冒頭の『世界』は、ヨーロッパだけを指している。そうではなくて、他の国を含めた世界の意味でこの言葉を使ってもよかったはずだ。それなのに、どうして『世界』がヨーロッパだけを指すのか？」

　二人はもう一度本文に目を通した後、アカリは該当箇所に赤ペンで線を引き、タカヒロは腕を組み、顎に手を当てて考え込んだ。

「ホイジンガは学生時代からインドの言葉について学んでいたことや、当時の時代背景を考えれば、当時世界と言ったとき、アジアといったヨーロッパ以外の国を含んで使ってもおかしくない。それなのに、彼はヨーロッパだけを示そうとして、本の冒頭で『世界』という言葉をわざわざ使っている」

　アカリは年表を見返し、自信なさそうに先生に言った。

「ヘーゲル先生、でも、私は読んでいて違和感がないんですけど……」

「どうだろうか。たとえば、日本人が、韓国や中国その他の東アジアの国々について、似ている文化を持っているとは言えても、アジアだけを指して世界なんて言わないだろ？」

「あ、そう言われると、とたんに違和感が……。たしかに、ヨーロッパだけを示して世界っていうのはちょっと不思議ですね」

　先生は本棚から数冊の本を取り出し、二人の前に並べながら話し始めた。

「こうやって、ヨーロッパだけを指して世界と見なすことや、ヨーロッパは一つだと考えることは、西洋人が持っている考え方の一つだ」

「そうなんですか？」とタカヒロは驚いて聞いた。

「この感覚はヨーロッパの様々な文献に慣れ親しむうちに、印象とも理解ともいえないものとして誰だって得られるものでもある。時代や地域による差はあるが、ヨーロッパが一つの文化圏を形成しているのは確かだからね」

机の上に並べられた本の中から、先生は一冊を取り出した。

「当然、この感覚をヨーロッパの人たちも感じていた。たとえば、一九世紀に科学的で客観的な歴史学を確立したと言われるドイツの歴史家ランケが、

> 私が到達した根本思想の一つであり、絶対に正しいと確信していることは、ヨーロッパ・キリスト教に属する様々な民族からなる複合体は、混然たる一体として、あたかも単一国家を形成しているかのように考えなければならない、ということである。
>
> （『世界史概観』）

と語っている。これは、ヨーロッパは一つである、と考えている人の好例だ」

先生は読んだページを開いたまま、アカリに手渡した。すると、アカリはそのページに目を走らせる。先生はその姿を眺めながら話を続けた。

「他にも、こういったヨーロッパ人の世界観は、当時の時代背景からも想像はできる。イン

ドは以前からイギリスの植民地になっており、中国の王朝も著しく衰退していた。そういった状況を考慮すると、西欧人の目にはインドや中国がどのように映っていたか、およそ見当がつく」

「下に見ちゃっていたんですかね」と、タカヒロが言うので「この種の想像は空想に走らないように注意しないといけないけどな」と先生は答えた。

先生は二人の集中した表情を見ながら話を続けた。

「ところが、厄介なことにね、ホイジンガの書いた他の本を読んでみても、他の文明や文化に対する偏見や、無知を示すような人ではないんだ。だから、先程の推測は、ホイジンガには当てはまらない」

「そうなんですか？　ホイジンガもヨーロッパ人特有の偏見で世界って書いてあると思ったんですけど」と、アカリは言った。

「実はそうじゃない。だからこそ、ホイジンガとのおしゃべりは宝の山なんだ。偏見を持っていない彼が世界という言葉を使う時、本来ならアジアといった国々を含めて表現できたはずなのに、彼は意識的にヨーロッパだけを『世界』と表現した」

「なぜヨーロッパを世界と書いたんですか？」とタカヒロは訊ねた。

先生は二人を見ながら言った。

「ここからが大切な話だ」

先生はニヤリと笑みを浮かべて言葉を続けた。

「こういった事に疑問を持ったなら、著者に問いかけるのが一番いい。『ホイジンガさん、どうしてヨーロッパだけを世界と書いているのですか?』と問いかけてみればいい。そうすれば**心の動くことの大切さ**が見えてくる」

「それはどういうことですか?」とタカヒロは訊ねた。

先生は二人の顔を見ながら、ゆっくりと話し始めた。

「ホイジンガは、歴史学の教授になるまで、サンスクリット語学者であり、インド仏教を大学で講義するような人だ。かなりの勉強をしていたと考えていい。それなのに、なぜ彼の視野はヨーロッパに向けられたのか。ぎっちりと勉強した経験が、彼の行動に反映されていないのはなぜか?」

二人は少しの間黙って考えると、アカリが先に口を開いた。

「それは勉強しても意味がないってことですか?」

「何かを理解するために、頭を使うことは絶対に必要だ。しかし、どんなに頭を使って勉強しても、**自分の心が動いたことでしか、その人の道は作られない**。このことは、前に引用した文章で、ホイジンガ自身も認めていたことだ。少し長いがもう一度、引用しよう。

私が強い関心をもってアタルヴァヴェダと仏教の教説について勉強していたちょうどそのこ

ろ、私は東方の世界に対して、自分がはなはだしく無縁で離れていることをますます感じるようになった。私の友人のフォーヘルが感激し心から傾倒して実行したように、自らインダス河とガンジス河のある土地を知りたいという希望は、一度も私の心を動かしたことがなかった。

　私を引きつけるものは、もっと近くにあるということ、とくに、私が精神上の接触を一度もなくしたことのない中世の西洋にあることが、私にはいよいよはっきりしてきた。とはいえこの引力は、学問の形では現れなかった。それはいつでも、直接ふれ合いたいという漠然とした幻想的な欲望であって、この欲望は他の何かによるよりも、むしろ造形芸術の表象によって養われた。この点から見て、一九〇二年の夏にブリュージュで開かれた古オランダ美術の展覧会は、私にとってもっとも重要な体験となった。


（『わが歴史への道』）


今回扱っている『中世の秋』が書かれたきっかけも、勉強したから出てきたものではなかった。はじめに話したように、この本の出発点は、ホイジンガが当時の画家が活躍していた時代を、あるがままに捉えようと苦心したときに生まれたものだ。

ホイジンガが歩むべき道を決めたのも、この本を書くことになったのも、勉強をしていたものではなく、中世の造形芸術、それもファン・エイク兄弟をはじめとする画家への憧れと愛着からであった」

二人は先生の話に耳を傾けた。

「こういった経緯から歴史の道に入ったホイジンガは、歴史に対して『歴史を知覚することは、眺めることとして表現するのが一番良い、諸々の像として眺めるのがより良い』と表現している。これは、この著作『中世の秋』を、編年体の歴史書ではなく、一枚の絵のように眺めるものとして書こうとしたことにも表れている」

先生は一度間をおいてから話を続けた。

「これは**著者の心が動いたものと表現方法は切り離すことができない**ってことだろう」

「だから書き方も、編年体で書かずに、少し変わった歴史書になったということですか」

タカヒロの発言に先生は頷きながら、「ホイジンガが、『本当の歴史家にはついにならなかった』と自分を評したことも同様だろうな」と言った。

二人の顔を一度見てから先生は話を続けた。

「結局のところ、どんなに勉強しようとも、自分の心が動いた経験でないと、その人を動かすことはない」

先生は二人の顔を見て、話についてきていることを確認して、さらに話を続けた。

「もしもホイジンガが、インドといった他の国々に心惹かれていたら、『世界』という言葉を、ヨーロッパだけを示すものとしては使わなかったはずだ。彼がそうしなかったのは、彼がどうしようもなく心惹かれてしまったのが、ヨーロッパの世界であったからだろう」

◇
◇
◇

アカリは腕を組み、首を傾げながら質問をした。

「ヘーゲル先生、たった一つの単語を、著者がこれほど意識して、意味を込めて使っているんですか？　少しこじつけと言うか、やりすぎた読み方に思えるんですけど」

というと、タカヒロも「自分もそう思いました」と同意した。

「二人の疑問はとても良い疑問だ。それでは二人に質問しようかな。まずはタカヒロに聞くが、私のお金のことを任した、と言われたらどうする？」

「お金ってなんのお金ですか？　この教室の経営をどうにかしろってことですか？」

「といったふうに、経理をしているタカヒロは、お金といった時、それが何であるのか正確なことを知ろうとするだろう。私だったらそんな質問をされた時、ぽかーんとして言葉もでてこないよ」

「そうはいっても、いきなり言われると驚きますよ」とタカヒロが答えると、

「ハハハ、そうだな。それから、アカリが学んでいるフランス語はゲルマン語系の言語だった？」

「いやいや、フランス語はロマンス語の一つですよ」

「その通りだ。真剣に学んでいるアカリのような人なら、間違いを正し、言葉を正確に使おうとする。誰だって、自分が好きなこと、本気でやっていること、よく知っていることを想像すればいい。その時に、君たちがどれほど言葉に気を配っているか、想像すればいい」

タカヒロは腕を組みながら、

「たしかに、自分のことで考えれば、言葉一つでも気にしていますね」と言った。

「ホイジンガも同じだよ。しかも、この『中世の秋』はホイジンガが八年もかけた力作でもあり、読み進めれば分かってくるが、言葉を慎重に選んで書かれている。しかも、冒頭から出てくる言葉なのだから、かなり気を配ったと考えていい。だから、ホイジンガが『世界』という言葉をヨーロッパを示すのに使ったのは、彼の心からの興味関心によって導かれたものだ。ホイジンガの生き様が表れた言葉というわけだ」

先生は少しだけ間を置いてから、

「こういった、**直接書かれていないことに注意を払うことで、著者自身も意識していない著者の生きた姿が浮かび上がる**。細部にまで気を配ることが、著者の歩んできた道筋と向き合う際に大切であり、著者とのおしゃべりの醍醐味でもある」

アカリは先生の説明を聞いて、思い出したことを口にした。

「そう言われてみれば、言っていることより行動のほうが、その人らしさって表れますよね。

私の父はよく『お父さんは適当でいいから』と言うのですが、いざ自分で料理を盛り付けるときには妙なこだわりを見せるんです。たとえば、オムライスを作ったときは、ケチャップをスプーンですくってから絶妙なバランスで垂らしたり、クラッカーの上にチーズを乗せるときは、対角線を気にしながら配置します。一方で、母は細かいことを気にせず、ざっと盛り付けますが、そのことに父は口を出したりはしないんです。自分でやるときだけ、こだわるんです。でも、そういった何気ない行動こそ、父らしいなといつも思うんですよね」

「なかなかすごいお父さんだね」とタカヒロは驚いた。

アカリは苦笑しながら、弱気になって、

「でも、私は母に似たのか細部にまで気を配るのが苦手で、どうしても気が利かないんです。この冒頭の文章を一緒に読んでいて、内容ばかりを気にしちゃっていましたし、単語一つにまで気が回らないですよ。なんだか、こういったふうに読める未来が想像できないです」

と肩をすくめると、先生は力強い声で、

「できる！」と答えた。

「えー、断言するんですか」

「そのために、ここの授業があるんだ。何度でも間違えて失敗すればいい。そして何度でもやり直せばいい！」

先生のあまりに断言する口調に、アカリは思わず笑ってしまった。

授業解説

本には必ず「書いた人」がいる

先生の話を最後まで聞いて、愕然《がくぜん》とした。

「難しくて、よく分かりません！」

「ハハハ、難しかったかねぇ」

ここに来ていた人たちは、こんな難しいことをやっていたのか。

書斎に来てのんびりと本を読んでいただけの僕とは大違いで、その差に驚いた。

「この授業では、著者ホイジンガとおしゃべりしたんだよ」

「これがおしゃべりですか？」

本に問いかけながら読むことが、著者とおしゃべりすることだと言っていた。

だけど、本当にそれだけとは思えない。

「そんなの嘘ですよ。だって難しすぎるじゃないですか」

「そうかねぇ。はじめに言ったが、**著者とおしゃべりしただけだ**。簡単だろ？」

同じトーンで「簡単だろ？」と言われた時のことを思い出した。

中学生の時、テストの点数が振るわず、勉強をどうすれば良いかと相談すると「歴史か。教科書をじっくりと読めばいい」とか「漢字が覚えられない？　語源から理解すると覚えやすい」と言っていた。最後には、ニヤリとしながら「遠回りに見えて、それが一番だ。簡単だろ？」と言ってきたのだった。

「思い出した、先生の『簡単』は信じちゃいけないんですよ」

先生の簡単は、むしろ難しいと同じ意味だっだ。

「ハハハ」と先生は笑って、「君のような悩みはいつか解決しなきゃいけないんだ。こういったことは、逃げずに腰を据えてやった方がいい」と言った。

先生はどんなこともごまかさず、本当にやった方がいいことを話してくれる。だからこそ信頼できるんだけれど、先生は決して楽をさせてくれない。

二冊の本を手に取りながら、先生は言った。

「今回やったことの種明かしをすると、著者ホイジンガの著作『中世の秋』と自伝『我が歴史への道』をつなげて読んだだけだ。その時、当時の時代背景に目を配り、著者の表現に注目して、『これってどういうこと？』と疑問を投げかけながら読んだ」

「たったそれだけですか？」

「それだけだ」

「う〜ん、そんなふうに見えなかったんですけど」

僕が首を傾げて聞くと、先生は言った。

「これだけなんだよ。そうはいってもコツみたいなものはある」

「コツですか？」

「**本には書いた人がいる**、これに気をつけることだ」

一体どういうことだろう？

夏目漱石との「おしゃべり」

何を話してくれるのか待っていると、先生は本を指しながら言った。

「多くの本には書いた人がいる。これは文字通りの意味で、小説でも、歴史書にも自己啓発本にも、料理の本にも著者がいるってことだ」

ＡＩが書いたものでない限り、人が書いている。そんなの当たり前だ。

「著者がいるなんて当たり前だと思うだろ。ただ、意外と見過ごされている。こういったことは学校の授業でも取り上げることはないからな」

「そうですか？　国語の問題で『○○について、筆者がどのように考えているか述べなさい』といった調子で、問われましたよ」

「国語のテストでは、書いてある内容の理解が問われているだけだ。著者が何を考えていたかまでは検討しない」

「う〜ん」

「それなら夏目漱石の小説を例にとって考えてみよう」

先生はそう言って、立ち上がり、本棚から一冊の本を取り出して、戻ってきた。

「この本は、昔、君が高校の授業でやったが、つまらないと言った漱石の『こゝろ』だ」

「懐かしいですね。先生に、授業で読んでもよく分からなくて、つまらないって愚痴を言ったら『一部ではなくはじめから読むと面白いぞ』と言って、その本を渡されたんですよ。案の定、漱石にハマって、夏休みには漱石の小説を一通り読みましたね。懐かしい」

『こゝろ』は、漱石が晩年に書いた小説の一つで、主人公の「私」とどこか影のある「先生」との交流が描かれる物語であった。「先生」は、当時としては珍しく西洋人と交流があり、学問を修めた先進的な人であったが、社会に出て仕事をすることもなく、妻と二人で暮らしていた。

物語は上・中・下の三部構成で、上では、私が鎌倉で先生と偶然出会うことから始まり、二人の関係が深まっていく様子が描かれていた。中では、主人公が田舎に住む自分の父親の病気を通じ、人生や死、田舎と都会での価値観について考えることになる。下では、先生の過去が、私に宛てた先生からの長い手紙を通じて徐々に明かされる。

その手紙の中で、先生は若い頃のある過ちを告白する。それは、親友であり幼馴染のKを裏切ってしまったことだ。

先生は大学時代、下宿先にいた「お嬢さん」に関心を寄せていた。そんな中、Kが家族と揉めていることを知り、自分の下宿に住むように誘う。ところが、運命のいたずらか、先生の思いを知らないKはお嬢さんを好きになってしまった。そのことをKから聞かされた先生は焦ってしまい、Kには何も言わず、お嬢さんの母親に許しをもらい、結婚の約束を取り付ける。この話をいつKに伝えようかと先生が迷っているうちに、お嬢さんから結婚の話を先に聞かされたKは、その話を聞いてから数日後、先生の寝ていた襖《ふすま》一枚隔てた隣の部屋で、遺書を残して自ら命を絶ってしまう。

そのKの遺書を恐る恐る読んだ先生は、そこに自分への非難は一つも書かれていなかったことを知り、安堵《あんど》する。しかし、先生はこの自分の犯してしまった罪の意識を長年抱え続け、誰にも打ち明けることもなく生きていた。そして最終的に、自ら命を絶つ決意を固め、その意思を最後に書きつけたところで手紙が終わる。

その本の中に出てきた「精神的に向上心のないものは、馬鹿だ」という先生とKとの間でかわされたセリフは、当時の僕にとって厳しい言葉で、今でも印象に残っている。

先生は、パラパラと本をめくりながら言った。

「この先生が自らの命を投げ出す決意をしたとき、主人公の私にその理由が書かれた手紙を託していただろ」

「そうですね。天皇の崩御に伴い、乃木将軍が自決したことが書かれ、それがきっかけで先生は死ぬことを決意したって、手紙の最後に書いてありましたね」

「では、なぜ漱石は乃木将軍の話を出して、先生を殺したのだろうか？」

　僕は止まってしまった。

先生の心情でもなく、手紙を受け取ったときの私が考えていたことでもない。

漱石が乃木将軍の話を出した理由？

漱石が先生を殺した理由？

「なぜって聞かれても、そんなことに理由なんかあります？」

「それはあるだろ。読者を喜ばせるために、登場人物を殺すような著者ではないからね。漱石が小説の中の人物をあのような結末にしたことに意味があるはずだ」

　そう言われても、何も思いつかなかったので質問した。

「それじゃあ、なぜ漱石は殺したんですか？」

「先生の生き方では先がないと判断したからだろうな。漱石は、西洋文化と日本の文学の違いに気がつき、そこから自分なりの文学を探ろうとした人物だ。つまり、西洋文化が輸入され、社会が大きく変わろうとしていた当時の日本人が、その中でどのように生きることができるのかを小説を通して模索していたわけだ。

　小説の中での先生は、乃木将軍が象徴する武士道や封建的な古い価値観にどこか心惹かれる一方で、西洋の学問や恋愛といった新しい価値観にも出会った人物であった。そして、その二つの価値観が衝突したときに生じた、Kとの悲しい出来事を消化しないまま、先生はすべてから逃げるような生き方をしていた。漱石は、そういった先生の生き方や、心の在りようでは先がないと判断したんだろう」

「……そんなこと考えたこともなかったです」僕は正直に言った。

昔、『こゝろ』を読んだ時、僕が感じたのは、好きな女性にたいする焦りの感情や、人のずる賢さに共感を覚えたことだった。

「**著者がいるということを意識しないと、書いてある内容だけに注目がいってしまう**。だから、書いた人がいる、という当たり前のことを意識するのが、著者とおしゃべりするコツになる」

「これが正しい読書の方法だってことですか?」

「正しいってわけではない。著者と対話しながら読む方法は、一つの読み方にすぎないし、先程の『漱石が登場人物を自殺に追いやった』という私の判断も正解というわけではない。君が漱石とおしゃべりすれば、もっと違った答えが見えてくるものだ。日常的なおしゃべりだって、同じ話題であっても、誰と話すかで内容は変わってくるものだからな。

一応言っておくが、ほとんどの場合、こんな事を考えて読まなくていいんだぞ。小説を読むときは、登場人物の姿や情景が浮かんでくるまで読む方がいい。そういった読書はゆっくりと心を耕す、いい読書だからな。たとえば、手紙を受け取った主人公の気持ちや、先生から取り残された奥さんに思いを馳せたりしながら読む方がいい」

先生はさも当然といったように付け加えて言った。

「なら、どうしてこんなに面倒くさい読み方をしなきゃいけないんですか？」

「それはね、**著者の肩を借りるためには、著者とおしゃべりするこの読み方が必要になる**からだ」

僕は先生の言っていることの全体像がまだ掴《つか》めていなかった。

それでも、まずは先生の言っていることに従うことにした。

著者の肩を借りれば、遠くが見える

「なら、僕は自伝や伝記とその人の著作を読めば良いんですよね？」

「そうなるな」

そうはいっても誰の自伝や伝記を読めばいいのだろうか。

「オススメの人っていますか？」

「なんだっていいんだぞ」

「でも、この人は読んだ方がいい、みたいな定番の本ってないんですか？」

「こればかりは、一人ひとり響く心が違うものだからなぁ。同じ人物の自伝や伝記を読んだって、一人ひとり反応が違うものだ。

たとえば、ここに来ている小学一年生の女の子は、日本で初めて女子留学をはたした津田梅子の伝記を読んだとき、自分と同じ年齢で留学したことに心底驚いていた。親元を離れ、海外で暮らすなんて考えもしなかったと言っていた。ところが、同じクラスの別の子は、津田の話を途中で『ツマラナイ』と言って、読むのをやめてしまった。ただ、その子はヘレン・ケラーの話に深く興味を示した。目も見えず、耳も聞こえず言葉も話せなかったヘレン・ケラーが、初めて水が水だと分かった場面を読んで『そういうことかぁ』とつぶやいていたぞ」

「へぇ〜……、って、あれ、昔は小学生を教えてなかったですよね⁉」

僕は驚いて聞いてしまった。

「あぁ、そうだな。君がここに来なくなったくらいから、ふと思い立って小学生を教えはじめたんだ」

「何を教えているんですか？」

「大人とやっていることは変わらないよ。ただ、大人と違って、漫画を教材にしていたりするな。先程あげた小学生の感想は、漫画の伝記を読んだときの感想だ」

「えっ、漫画を教材にしてるんですか⁉」

また、驚いてしまった。昔はこの部屋に漫画は一冊もなかったのに。そう思って、部屋を見渡すと、部屋の角にある本棚の中身がすっかり様変わりしていることに、今更ながら気がついた。そこには色鮮やかな表紙で偉人を描いた伝記漫画が何百冊も並んでいた。

「漫画で描かれた伝記はいいものだぞ。当時の状況についても視覚的に知ることができる。何より、面白くて最後まで読めるものが多い。いきなり文章で書かれた自伝や伝記を読む前に、漫画から入って読むと、読みやすいぞ。どうだ、漫画で描かれた伝記が何冊かあるから、借りていくかい？」

昔と変わらず本を薦められたことに、僕は懐かしさを覚えた。昔と同じように頷き、僕は本を借りることにした。なんとなく手に取ったのは、頭が良くなりそうな福沢諭吉の伝記漫画だった。せっかくなので、漫画だけでなく、他の本棚にあった彼の自伝『福翁自伝』と代表作『学問のすゝめ』も一緒に借りることにした。

ヘーゲル先生の教え

自伝・伝記と著作をセットで読む

僕は先生のところに来るきっかけになった小林に連絡をするかどうか、一瞬迷った。アイツが勇気を出して誘ってくれたのに、僕は怖くて逃げだしたことに、先生としゃべっていてよりいっそう気がついてしまったからだ。

しかし、そんなことで悩むような関係ではないと思い直し、先生の書斎から家に帰る電車の中で、小林にメッセージを送ることにした。

――お前に触発されて、俺はヘーゲル先生に会ってきた

――触発って何だよ

――ヘーゲル先生って、お前が昔通っていた、本がたくさんあるところ？

――そう、そこ

――何か良いことあった？

――自伝や伝記を読めって言われた

――なんだそれ。それで何を読むの？

――福沢諭吉

――お、いいじゃん

――お前もここにくる？

――イヤだよ。俺勉強キライだし

2章

勉強すれば、すべてのことが分かる？

福沢諭吉の伝記漫画を読んだ後に『福翁自伝』を読むと、驚くほどスラスラと読めた。福沢の生涯は、一九世紀末から二〇世紀初頭にかけての、江戸時代から明治時代への変化を象徴するような、波乱万丈の人生だった。

父親を早くに亡くし、貧しいながらも母親を助ける優しい福沢少年。しかし、叔父の家で祀《まつ》っているお稲荷さんの御神体を、近くに転がっていた石とすり替えて、大人たちをからかうという、やんちゃでありながらも、世の中の常識を疑ってかかる少年でもあった。

青年になると毎日のようにお酒を飲み、勉強仲間と馬鹿騒ぎをする一方、仲間と一緒に寝る間も惜しんで外国語の勉強を頑張る青春時代。アメリカの現地を見たいと思い、それまで一度も面識がなかった幕府の人に直談判し、そのまま視察船に同行させてもらう行動力。自分が勤めていた幕府がイギリスと戦争になりそうだと判断すると、前もってタンスに紐をつけ、逃げる準備をしていた図太い生命力。

僕は何より福沢の、何ものにも縛られない自由な生き方に憧れた。生まれや育ちといった既成の概念を打ち砕き、自分の足で道を切り開いていく姿に感動した。

『福翁自伝』を読んだ後、当時日本人の十人に一人が読んだと言われる『学問のすゝめ』を手に取った。読みすすめていくと、福沢の主張は古さを感じさせない、力強い主張だと思いつつ、何かモヤモヤとしたものが残った。そのことを相談しようと、ヘーゲル先生の書斎に向かった。

勉強するということの意味

「驚いたんですけど、福沢って二三歳という若さで、慶應義塾大学のもとになる塾を開いているんですね」

「そうだな」

「しかも、大坂の緒方洪庵《おがたこうあん》のもとで三年程度オランダ語を学んでいる最中に、いきなりその塾のトップを任せられるじゃないですか。これって、僕と同じような年齢で、海外の新規事業のトップをいきなり任されるようなもんだと思うんです。そんなの絶対に嫌ですよ」

福沢について感じたことを話すと、先生は僕に質問してきた。

「どうして嫌なんだい?」

「怖いじゃないですか。いきなり責任があることをポンと任されるんですよ? まだ部下として行くなら、面白そうだからいいですけど。いきなりトップを任せられたら、そりゃ怖いですって」

「怖いだろうね。じゃあ、福沢は怖くなかったんだろうか?」

「う〜ん、当時誰もやらないようなリスクのあることに果敢に挑戦していますし、彼の書いた本を読むと、福沢の自信満々な感じが伝わってくるような人ですから、怖くはなかったんじゃないですか」

「そうかな？」と先生は首を傾げながら続けた。「私は怖かったと思うよ。たしか、江戸にやって来た当初、福沢は他の人と比べて自分がしっかり教えられるかを確かめるために、学者先生と呼ばれている人たちのところへ行って、相手の度量を試していただろ？」

そういえば、福沢は自伝の中で、自分ではオランダ語が分からないふりをして、江戸で学者と呼ばれている人たちにわざと難しい文章を解説してほしいと頼んでいた。そして、相手が理解できていないと分かると、密かに満足していた話が自慢気に書かれていた。

先生は腕を組みながら言った。

「わざわざ難しい問題で相手を試すなんてことは、怖くなかったらやっていないと思うがな」

「そう言われてみれば変な話ですね。自分に自信があったら、そんなことやりませんよね。その話は福沢の話によく出てくる自慢話の一つだと思って、軽く読み流してました」

「ハハハ、たしかに諭吉さんお得意の自慢話ではあったのだろう。そうはいっても、怖かったんだろうね」

なんだか福沢に一杯食わされた気持ちだ。

書かれた話をそのまま素直に受け取って、その時、福沢がどういった気持ちだったかなんて考えていなかった。

僕は気を取り直し、先生に淹れてもらったコーヒーを一口飲んだ。

「それと福沢の本を読んでいて、もう一つ驚いたことがあったんです」

「驚いたこと？」

「伝記を読んだ後に、『学問のすゝめ』を読んでみたんです」

僕は鞄から読んだ本を取り出した。

「この本の冒頭に『天は人の上に人を造らず人の下に人を造らず』って書いてあるのは前から知っていたんです。だから、諭吉は、誰でも平等ってことを主張する、人権派みたいな人だと思っていました。でも、ぜんぜん違うんですね」

「そうだな」先生は頷きながら言った。「世の中ではそうやって平等だと言われているが、実際のところ、立派な人も下品な人もいる。お金持ちの人も貧乏な人もいる。現実にはそんな差があるのが世の中だ、なんて調子で書かれているな」

「そうなんですよ」

先生の言ったように、諭吉はこの世の中が平等だなんて一言も言わない。

『学問のすゝめ』に書かれていた文章を、僕は読み上げた。

されば前にも言えるとおり、人は生まれながらにして貴賤《きせん》・貧富《ひんぷ》の別なし。ただ学問を勤めて物事をよく知る者は貴人となり富人となり、無学なる者は貧人となり下人となるなり。

（『学問のすゝめ』）

先生はこの文章に対して「こういった貴賤や貧富といった現実の格差は、学問の有無で決まる。だからよりよい人生のために、福沢は勉強を勧めるわけだ。福沢らしい発言だな」とコメントした。

やっと、話が僕の聞きたかったことに近づいた。

読んでいて、どうすればいいか分からず、モヤモヤしてしまったことだ。

僕は先生に訊ねた。

「この話って本当なのかなと思ったんです」

「どのあたりが?」

「そんなに勉強って万能なのかなって思って」

「ほぉ」先生は感心したように言った。

「学歴ならまだ分かりますけど、勉強でそこまで差がつくものでしょうか? 僕が勉強をあまり好きじゃないから、そう考えたのかもしれないですけど……」

「それもあるかもな」と先生は笑いながら頷いた。

「でも、僕の勉強嫌いは抜きにしても、この現実の格差について考えれば考えるほど、だんだんよく分からなくなっちゃったんです。ネットで調べてみても本当にいろいろな意見が出てきて、参考にならないですし……」

「どんな意見があったの?」

「諭吉のように勉強することで人生は豊かになる、っていう人がいる一方で、勉強ができるかどうかは遺伝で決まっている。貧富の差は勉強の差ではなく、挑戦した回数で決まるんだ。なんていう人もいるんです」

「ほぉ」

「調べても調べても、分からないことだらけで、全く進展がなかったんです。そのうち、一体誰のために調べてるのか、こんなに調べても意味がない、なんて思っちゃったりして……これって、間違った方法じゃないのかと思ったんです」

「いいことじゃないか。十分うまくやれているぞ」

「え？」

僕は思いもよらない反応に驚いた。先生は本心から言っているようだった。

「これがいいことなんですか？」

「そうだよ」と先生は大きく頷きながら言った。

「それは山に登る一歩目を進みだしたことになるんだから」

そんな実感など全くない。

戸惑っている僕の反応を見て先生は言った。

「そうだな、今の君にぴったりな人がいるから、その人の話をしようか」

先生は背後の本棚に振り向き、一冊の本を取り出した。

自分の人生に確信を持てるということ——デカルトの場合

「君のように学び始めた人に参考になるのが、フランスの哲学者デカルトだ」

「デカルトですか？　たしか、我思う故に我あり、って言った人ですよね」

「よく知っているな。それならそのフレーズが書いてある『方法序説』を読んだことはある？」

そう言うと、手に持っている本の表紙を僕に見せてくれた。

「哲学書って一冊も読んだことないんですよね。なんだか、難しそうで手が伸びないんですよ。大切なことは書いてあるんでしょうけど……」

「哲学書っていうのは、すべてが難解に書かれているわけではないぞ。特にこの『方法序説』は、多くの人が理解できるように、工夫をして書かれている」

「哲学書なのにですか？」

僕がそう聞くと「そうやって哲学を特別扱いする理由はどこにもないだろ」と言ってから、

「たとえば、この本はフランス語で書いてある。当時、学問の本というものは、勉強した人だけが使えるラテン語で書かれるのが一般的であった。でも、デカルトは多くの人に読んでもらえるように、わざわざ母国語のフランス語で書いているんだ」

「へぇ〜、そうなんですね」

哲学書なのに、そんな配慮がされた本があるなんて、思いもしなかった。

「しかも、『方法序説』は科学論文集の序文ではあるが、その内容は彼の自伝のような形式で書かれている。そのため、物語のように読めるので、他の哲学書と比較しても読みやすい」

どうやら、僕のイメージしていた哲学書とはだいぶ違うようだ。

自伝なら読めるかもしれない。

「デカルトは、君と同じように、自分の人生を確信を持って歩みたかった人物だ」

先生はそう言うと、手に持って本を開き、読み上げた。


私は、自分の行為をはっきりと見、確信をもってこの人生を歩むために、真と偽を区別することを学びたいという、何よりも強い願望をたえず抱いていた。

（『方法序説』）


「これが僕と同じですか？　真と偽とか、デカルトは難しいことを言ってますよ」

「もっと単純に考えてみようよ。誰だって嘘はつかれたくないし、騙されたくない。間違った方法は取りたくないだろ？」

「そりゃそうです」

「そういった気持ちは、真と偽を区別したいという気持ちと同じだ。さらに言えば、誰でも人生において確信を持って人生を歩みたい、と考えているはずだ。君だって『僕の人生はこのままでいいでしょうか』なんて調子で私のところに来たじゃないか。それと同じだよ」

僕だって確信して歩みたい、そう聞くとデカルトのことがすこしだけ身近に感じられた。

「デカルトは一五九六年にフランス中部に生まれ、子供の頃から本に書かれたものを勉強すればすべてのことが分かる、と言われて育てられた」


私は幼少のころから書物に親しみ、それによって、人生に有用なあらゆることの、明晰《めいせき》で確実な認識を得ることができるといいきかされていたので、それを学ぼうという非常な熱意をいだいていた。

（『方法序説』）


「勉強すればすべてのことが分かる……？」

「今だって『あんた勉強しないと、将来大変なことになるよ』なんていう親はいるだろ？」

「それ言われていました！ 勉強しなさいって言われるほど、勉強したくなくなるんですよ！」

僕が熱く語ると、先生は笑った。

「ハハハ、それを言われるのが嫌でここに来ていたんだろ？ 君の親父さんと偶然道端で出会ったとき、そんなこと言っていたな」

僕は昔の話をされると、なんだか恥ずかしくなった。

「その時に、『うちの息子は勉強が嫌いみたいです。先生の力でなんとかなりませんか』なんてことを、雑談がてらに相談されたからな」

「でも、先生は僕に勉強を勧めなかったですよね？」

「勧めたからと言ってやるもんでもないだろ。それより当時の君には、本を読んだり、音楽を聞いたりしたほうが良さそうだったからね」

「聞いてこないなと、不思議に思っていたんですよ」

それが心地良かったので、ここに入り浸っていた。

「ハハハ。でもそのうち自分で勉強をやり始めただろ？　それでいいんだよ。しかし、本当によく来ていたもんだ」

先生は嬉しそうに笑っていた。

もし僕が勉強しなかったらどうしたのかと聞いたら、「そのときは、そのときだ。勉強だけがすべてではない」と答えてくれた。

「話を戻すと、どうやら、デカルトは周りの話を素直に受け取る、聞き分けのいい子だったんだねぇ。周りから言われた、勉強すればすべてのことが分かる、なんてありえないことを信じていたんだから」

デカルトは、僕とは全然違うタイプのようだ。

「しかし、現実はそこまで単純ではない。その間違いに気がついたのは、当時ヨーロッパでもっとも有名な大学を卒業したときだった」

しかしながら、学業の課程を全部終えて、人なみに学者の仲間に入れられるやいなや、私の考えはまったく変わった。なぜなら私は多くの疑いと誤りとに悩まされ、知識を得ようとつとめながらかえっていよいよ自分の無知をあらわにしたというほかには、なんの益も得られなかったように思われたからである。

（『方法序説』）

「デカルトが大学で学んだことは、自分が無知であるということだった」と先生は言った。

「それなら勉強したことは無駄になったんですか？」

「そうではない」と、先生は首を振って答えた。

「勉強することは大切だと語っている。なによりデカルトは、大学で優秀な成績を収めている。特に得意だった数学で、後に後世に残るような発明もしているくらい、生涯をかけて勉学に励んでいる。ほら、中学生の時に数学の授業でX軸とY軸が直交する座標系を学ぶだろ。あれはデカルトが発明したものだ」

やっぱり勉強をしなくていいという、都合のいい話ではないようだ。

「つまるところ、文章で書かれたものを勉強するだけでは、満足できなかったというわけだ。だから、大学を卒業すると、世間に飛び出す。デカルトは宮廷に顔を出し、一時は軍隊にも所属するなど、様々な社会の人々と積極的に関わろうとした」

こういうわけで私は、年齢が上がって教師たちの支配から解放されるとすぐに、書物の学問をすべて捨てたのである。…（略）…私は青年時代の残りを旅行に用い、宮廷や軍隊を見、さまざまな気質や身分の人々と交わり、さまざまな経験を重ねた。そして、運命が私にさしだすいろいろな機会の中で私自身を試そうとし、いたるところで自分の前に現われる事物について反省しては、それから何か利益を得ようとつとめたのであった。

（『方法序説』）

デカルトの話は、どこかで聞いたことのあるような話だ。

「まるで、学校を卒業したあとに世界を旅する、バックパッカーみたいな人ですね。いいですよね。そういった生き方。僕も一度はやってみたいと思います」

「ハハハ」と先生は笑って、微笑んだ。

「それで世間に出て、デカルトは何か分かったんですか？」

「大学で学んだのと同じように満足できなかった」

「え？」

「デカルトにとって世間に出て学んだことは、たとえば、自分の国の人がおかしいと思うことでも、他の国では受け入れられている、といったことであった」

自国の常識は海外では非常識といったようなことだろうか。

「僕たちは日常で豚肉を食べるけど、イスラム圏では豚肉を食べない習慣とかですか?」

「そういったことだろう。とはいえ、これは国という大きな単位でなくても、身近なことでも同じように経験できる。たとえば、目玉焼きには醤油をかけて食べるのか、ソースをかけて食べるのか。こういった場合、人は誰しも小さい頃からの食習慣こそが正しいと思ってしまうもんだ」

いきなり先生が目玉焼き論争をふっかけてきた。

「何言ってるんですか、先生。目玉焼きにはマヨネーズですよ。絶対!」

「……、まぁ、そういうわけだ」と先生は苦笑しながら相槌を打ち「デカルトはこの時、先例や習慣によって正しいと思っていたことを頑《かたく》なに信じるべきではないことを学んだ」と言った。

「ここまでのデカルトの歩みを振り返ると、幼少期から蓄積した理解が、大学を卒業する頃にはぼろぼろと崩れさり、そこから新たに社会に出て経験を積んでいったといえる。そして、ここまで歩んだデカルトはある決心をする」


このように世間という書物を研究し、いくらかの経験を獲得しようとつとめて数年を費やしたのち、ある日私は、自分自身をも研究しよう、そして私のとるべき途《みち》を選ぶために私の精神の全力を用いよう、と決心した。

(『方法序説』)

「自分自身の研究ってなんですか?」と僕は聞いた。

「本に書かれていることや、社会で言われていることではなく、自分で自分について考えることだ」

「どうやってやるんですか?」

「そのために、デカルトは一つ一つ疑ってかかる方法を取ることにした。

> ほんの少しでも疑いをかけうるものは全部、絶対的に誤りとして廃棄すべきであり、その後で、私の信念のなかにまったく疑いえない何かが残るかどうかを見きわめねばならない、と考えた。
>
> （『方法序説』）

この過程で、デカルトは、感覚は時に私たちを欺く、として感覚を破棄する。次に、どんな推論も破棄する。数学のような確実な推論でも、人によっては間違ってしまうことがあるのだから、デカルト自身も同じように間違ってしまう可能性があると考えた。

そうやってあらゆることを疑い、何か確信できることがないかと徹底的に考えていく。そうすると、どんどん確信できるものがなくなっていく。

そこである一つのことに気がつく。それは、考えている自分は必然的になにものかでなければならない、ということだ。いろいろなことを疑っていても、考えている自分がいるのは間違いない。それを『我思う故に我あり』という言葉にした。これが君の覚えていたフレーズの意味だ」

「へぇ～、そういった意味だったんですね」

僕はこの言葉の意味を初めて知った。

「つまり、デカルトは確たるものを見つけるために、自分は本当に正しいことを知っているのか、と自分に問いかけることから歩みはじめた。そこから一つずつ、自分の考えを積み上げていくことで、その後の人生を歩んでいくことになる」

先生はそこで言葉を区切ると、僕の前にある『学問のすゝめ』を指さしながら言った。

「君が本で疑問に思ったことを調べたように、デカルトも一つ一つ、確かめることで、歩んでいったんだ」

僕がやっていることが、デカルトと一緒？

「そんなに僕のことを褒めないでくださいよ」

僕が照れながら言うと、先生は「そういったつもりではないんだがなぁ」と笑った。

現実との関わりの中で考える

先生はコーヒーを一口飲むと、僕の方を見て言った。

「このデカルトの考え方を学んだ時に、気をつけておくことがある。それはデカルトが、大学を卒業してから最初の成果『方法序説』が生まれるまで、およそ二十年の歳月が必要であったこと。

そして、デカルトの思索を重ねて書いたもう一つの代表作『情念論』が出版されるまで、さらに十三年の月日が費やされていることだ。『我思う故に我あり』と気がつくだけでは、次のステップに進むことはできなかった」

成果が出るまで気が遠くなりそうな年月だ。

「それでも、長い人生の山道を歩む時、デカルトのように、一歩一歩足を進める方法はとても参考になる。デカルトは、近代哲学の新しい土台を作ったと言われるくらい、基礎になる考え方を作った」

先生の言いたいことは分かった。

デカルトの考え方が、考える基礎になることも理にかなっていると思う。

「でも、先生。デカルトみたいに、すべてのことを疑って検証するといっても、やっぱりよく分からないんです。何かコツみたいなのってないんですか?」

「**一つ一つを現実との関わりの中で確認すればいい**」

先生はニヤリとして言った。

「現実との関わりの中で確認ですか?」

「自分の頭の中で完結するのではなく、社会や目の前の相手、自然や科学など、捉えることができる限りの現実を含んで、感じ考えるってことだ。こう言っても想像しにくいだろうから、小学生の授業でやっていることを今から話そう。これを聞けば簡単に理解できるはずだ」

「先生の簡単は信じられませんよ」

もう先生の「簡単」には騙されない。

「ハハハ。さて、突然だが、君はメルカトル図法とは何か答えられる？」

「本当に突然ですね」

僕の愚痴は先生に軽くいなされてしまった。

「えーっと、メルカトル図法って、昔学校でやった地理のテストに出てきたような……。たしか、普通の地図の技法だった記憶が……」

「どうやら、なんとなくは知っているようだな」

先生はそう言うと、本棚から一冊の地図帳を取り出し、世界地図が載っているページを僕の前に広げてくれた。

「こういった、よくある長方形の世界地図を描くときに使われているのが、メルカトル図法だ。最近では、ネット上で見かける多くの地図も、メルカトル図法の一種になる。この図法を学ぶための授業を、小学生に向けてやったんだ。

この授業に参加したのは、今年三年生になったヒナとソウタの二人。ソウタはおっちょこちょいの男の子で、ヒナはしっかり者の女の子だ。二人とも近所の公立小学校に通っている。ここに来ているのは、しっかり本を読む力を身につけるためで、その一環として、今回のような言葉を学ぶ体験や歴史の勉強を授業ではおこなった」

先生は二人のことを嬉しそうに語った。

「ヒナちゃんとソウタ君ですか。どんな子なんですか？」

「どんな子か……、そうだな、印象に残っているエピソードがそれぞれあったな」

先生は右上の方に視線をやって、何かを思いだそうとしながら話し始めた。

「ソウタは、小学生になる直前にお母さんに連れられてここに来た。お母さんが『もしかすると、この子は言葉を使えないのではないか、心配でたまらない』と言ってね。ソウタは外で遊ぶことが楽しく、ひらがなも読めなかったからね。

それならばと、はじめは簡単な絵本を一緒に読むことから始めた。絵本を読んで、一ページ進むたびに、どんなことが書いてあったか質問し、ちょっとずつ書いてもらうことをやった。そんなことを続けるうちに、言葉の問題は解決していった。そんな子だ。

もう一人のヒナは、ソウタよりも少しだけ遅れて、ここにやって来た。入ってから半年くらいたった頃に、ギョッとするような質問をしてきたことがある。

授業のちょっとした休憩時間に、すっと手を上げ『先生、戦争はなぜなくならないんですか』と真っ直ぐに目を見開き、私に聞いてきた。親にも、学校の先生にも聞けないけれど、どうしても聞かずにはいられなかった疑問を持ってしまったわけだ」

「なんだかすごい二人ですね。で、授業はどんな話なんですか？」

「それはね……」

授業　メルカトル図法の話

ヒナとソウタは、体の大きさに合わないランドセルを背負いながら、エレベーターの扉から飛び出すと、先生の部屋の前に立った。いつものように、ソウタが鍵のかかっていない扉のドアノブに手をかけ、息を吸い口元をキュッと締めながら扉を開けた。大きな音がしないように扉を閉め、脱いだ靴をそろえ、廊下を抜けて書斎の横を通り抜けるとき、「こんばんは」と二人そろって、部屋の奥の方に挨拶をした。

白いシャツを着た先生が、奥の方にある大きなパソコンのモニターから、少し顔を出しながら、くぐもった声で「はーい」と返事をした。

その声を聞くと、二人は教室のドアに手をかけて、部屋の中に入って席についた。

ソウタは、いつものようにノートと筆記用具を一緒に取り出し、周りをキョロキョロと見回し、「アレっ」と言いながら丸い掛け時計の下の壁で目をとめた。

「ヘーゲル先生。もう六月なのにカレンダーが五月のまんまだよ」

「あれま。そういうこと、私はからっきしだめだね……。めくらなきゃ」

書斎からやって来た先生は、カレンダーが掛かっている壁まで歩くと、一番上のページを手に取った。そこにはガラスで作られたピラミッド型の建物の写真が印刷されている。カレンダーをめくろうと手を伸ばした時、ふと思いついたようで、先生は二人の方を振り返り、

「この写真はフランスにあるルーヴル美術館だな。ヒナとソウタは、フランスって国は、どこにあるのか知ってる?」

「フランス? フランスパンは知ってるけど、場所は分からないや」

ソウタは、フランスという単語に反応し、知っている言葉を答えた。

「そうそう、フランスパンが作られた国だな。場所を見て確認してみよう。ソウタ、そこの地球儀を取ってくれる?」

先生は、ソウタからテーブルの端にあった直径三〇センチの地球儀を受け取ると、

「日本がここね。そこから、ぐるーっと回ってヨーロッパがここ。そしてフランスがここだ」

先生は、地球儀の表面を人差し指でなぞりながら説明をする。

「かなり離れているんだ」とヒナはつぶやいた。一方、ソウタは説明を聞きながら、不思議そうに地球儀を見て、濃淡のある青色の海を触った。その姿を見ながら先生は話し始めた。

「じゃあ今日の授業を始めよう。今日は、この丸い地球に関することをやろう」

先生は後ろを振り向き、本棚から一冊の本を取り出して、二人に見せた。

「これは、いつも見ている地図帳だ。地図は平らだよね。でも、地球は丸い。さて、どうや

って平らな地図が描かれるんだろうか？」

先生の質問にソウタは即答した。

「叩いて潰してみる！」

「えー、ムリじゃない？」とヒナは驚いて返した。

「無理やり叩いて平らにしてみるってことね。他には？」

ソウタは、両手の指で四角い箱の形を作り、その隙間から地球儀を見て、

「こうやって、離れて地球を写真で撮っちゃう！」

「写真で撮る。さて、裏側はどうすればいいんだろう？」

「うーん、後ろに回り込んで何枚も撮る！」

「それもありだ。実際、航空写真といって、上から写真をたくさん撮ってつなげる地図もあるからね。他はどう」

ヒナが何か閃いたようで、手を挙げて答えた。

「伸ばす！」

「お、いいね。でも、伸ばすってどうやって伸ばす？」

「えーっと……」

先生は引き出しから、ガサガサと鋏《はさみ》とカラフルな紙を取り出すと、二人に渡した。

「これは紙風船。見たことあるだろ？　広げて上の穴から息をフーって入れて、膨らませて

みよう。……どう、膨らんだ？」

二人の目の前に、直径二〇センチのカラフルな紙風船ができあがった。

「お、できた」

「さて、この紙風船を地球だとしよう。空気を入れたところが北極。反対側が南極だ」

先生はソウタの紙風船を指さしながら、説明をした。

「まずは、ソウタが言った『潰して平面にする』ってのはどうだ。できそうか？」

「う〜ん、このまま潰してもダメだなぁ……。半分に割って、潰す！」

「じゃあ、ソウタやってみよう」

ソウタは何も考えずに鋏で切り、半球が二つできた片方を叩き潰す。

「どう、平面になる？」

「ならない。ぐちゃぐちゃになっちゃった。ならさらに半分に切ってみれば……」

「そんなに切っちゃ、ばらばらで地図じゃないよ」

ヒナは、ソウタの手元にある紙風船の断片を見ながら言った。

「それじゃあ、もう一回やり直してみよう。ソウタにはもう一つ渡すから、もう一つ膨らましてみて。次はヒナが言っていた、伸ばすってやつだ」

ソウタが紙風船をもう一度膨らませるのを待ってから、

「今度は、紙風船の北極、南極それぞれから、赤道ギリギリまで鋏を入れてみよう」

「赤道？」

先生は地球儀を持ち上げ、二人の紙風船を交互に指しながら、

「えーっと、空気を入れたところが北極、反対側を南極と考えて、そこからちょうど真ん中の場所をぐるーっと一周している円を赤道っていうの」

「へー」

「で、北極と南極から赤道ギリギリまで鋏を入れてみて、十ヶ所くらい切ってみてくれるか。バナナみたいなのが何個もできるから」

「バナナ？　あ、これ二等辺三角形に近い！」

ソウタはザクザクと鋏を入れ、ヒナはゆっくりと線に沿って鋏を入れる。

「そうだな、二等辺三角形みたいなのが上下につながってるのが何個もできているはずだ。あと、最後の一ヶ所は赤道まで切っちゃって。さて、できた？　切り終わったのを伸ばしてみて。どうだい？　平たくなったかい？」

ソウタは、切り口がギザギザになっている風船を広げると、

「平たくなった。でも、これじゃ地球がギタギタだよ」

「ギタギタか。切ったそれぞれの上下の間に隙間ができてるからね。だから、さっきヒナが言っていたように横の部分をそれぞれ伸ばしてつなげて地図にするんだ」

ソウタに少し遅れて切り終わったヒナは、先生の説明に疑問がわいた。

「でも、ヘーゲル先生、横に伸ばすと大きさが変わっちゃうよ」

「そうだよ。平面の地図は本当の大きさではないんだ」

「え、うそ⁉」

「本当。赤道の近くの場所と北極や南極の場所では縮尺、つまり縮める度合いが変わってる。地図帳に載っている世界地図を広げてみよう。地図帳の上のほうにメルカトル図法って書いてあるだろ。この地図は、今やったように丸い地球をギタギタにしてから横方向に伸ばしたものを、航海などで使いやすいように、さらに一部を縦にも伸ばすことで作られている。地球儀と地図帳に描かれたグリーンランドっていう島の大きさを比べてみよう、大きさがだいぶ違うだろ？」

「あ、ホントだ。ぜんぜん違う」

ソウタは地球儀を眺めていると、

「日本ってそんなに大きくないんだなぁ。世界ってこんなに大きい」

「大きくて、広い。どうだ、大きくなったら、どこかの国に行って、住んでみるのも面白いじゃないか」

「おもしろそう！」ソウタは大きな声で答えた。一方、ヒナは自分の目の前にある世界地図と切ったカラフルな球体の紙を見ながら、つぶやいた。

「丸いものが、平らになったり、なんだか不思議。でも、地球って本当に丸いのかなぁ」

授業解説

自分が進むべき道を照らすもの

　小学生向けの授業なのに、初めて知ることばかりだった。

「地図の作り方なんて知らなかったです。学校で教わった記憶もないですし」

「教えないだろうねぇ、学校では」

　先生は軽くため息をつきながら答えた。

「実験や体験学習はするだろうけど、多くの場合、学校の授業は知識の詰め込みになっている。用語を覚えてお終い、ってわけだ」

「でも、教育ってそういうもんじゃないですか？　だって、知識を身につけるのには、そうしないと効率が悪いですから」

　僕が投げやりに答えると、先生はニヤリとして言った。

「ふーん、どうやら自分にはあまり関係のない話だと思っているようだね。でも、君が学んできたような知識のつけ方だと、いつまでたっても自分の行く先が分からないままだぞ」

「え、どうしてですか？」

「それはね、本当の意味で自分の知識になったものだけが、君の進むことになる道を照らしてくれるからだ。そういった知識は自分の言葉と言っていい。デカルトのように現実との関わりで考えるとは、自分の言葉を見つけることでもあるんだ」

「う〜ん……」

よく分かっていない僕の様子を見て、先生はもう少し詳しく解説をしようと言ってくれた。

もし霧の中で立ちすくんでいるのだとしたら

「二人が授業で得た経験をもう少し丁寧に見てみよう。授業の前まで、ヒナとソウタはメルカトル図法という言葉を知らなかった。でも、授業が終わった後では、紙風船を平らにする体験を通して、メルカトル図法という言葉を身につけることができた」

「そこまでは分かります」

「話を理解しやすくするために、二人が身につけたメルカトル図法と、君が理解していたメルカトル図法を比較してみよう」と先生は提案してきた。

僕は疑問に思いつつも、「僕のメルカトル図法の理解ですか？」と訊ねた。

「そうだ。君の場合、メルカトル図法という言葉に対して『地理のテストで出た』、『普通の地図の技法だ』といった理解を持っていた」

「そうですね」

「一方、ヒナとソウタにとってメルカトル図法という言葉は、単に地図の技法としての意味だけでなく、丸いものを平たくする、地図の端は伸ばすことになるといった知識や、今回の手を動かした体験、その時の感情まで含まれている。これは、君のメルカトル図法とは大きく異なった理解が言葉の中に含まれている」

「う〜ん、言われてみればそうですけど……」

僕は少し考え込んだ。

つまり先生は、一つの言葉の背景には単なる知識だけではなくて、その人の理解や経験、感情も合わせて、様々なことが含まれていると話している。しかも、それは人によって異なるようだ。

これは他の言葉にも同じことが言えるのか？

たとえば哲学という言葉を考えてみる。僕にとって哲学とは、どこか難しく、分からないものだと感じている言葉だ。でも、先生が哲学という言葉を使う時、ヘーゲルやデカルトといった個々の哲学者の知識だけでなく、その人の生き方まで含めて使っている奥深い言葉のように感じる。

同じ言葉であっても、かなり違いがあるのは確かなようだ。

僕が顔を上げると、先生は話を続けた。

「こういった知識だけではない言葉の中から、本当の意味での自分の言葉に変わった時、自らの山を登るときの助けになる」

「そこが分からないいんですよ。二人に比べれば僕の理解は浅いかもしれませんが、僕なりの理解になっていると思うんです。なぜ僕のような知識が、その『自分の言葉』っていうやつにならないんですか?」

「それは若い頃のデカルトの歩みを思い出してほしい。彼は学校や社会で身につけた頭だけでの理解や知識では、彼の歩む道を決定づけることはなかっただろ。ホイジンガも同様だった。漱石もイギリスの地まで行って初めて文学という言葉が自分の言葉に変わった。知識だけの理解をどんなに増やしても、その人に開かれた道への歩みを決めることはない。

だから、もし君が霧の中で佇み、どこに行けばいいのか分からなくなっているのなら、**君は自分の言葉を見つけなければ先に進めない。自分の言葉になっていないものでは、自分を動かすことはないからだ**」

自分の言葉の見つけ方

「でも、そうすると学校で教わったことは無駄だっていうんですか?」

「無駄なんてことはないよ。ただ、君の場合は山を登るほどの力にならなかっただけだ」

「それって無駄ってことじゃないですか！」

いきなり自分の人生を否定されたような気がした。

「ハハハ」

「笑い事じゃないですって。なら、僕は自分の言葉をどうやって身につければいいんですか？」

僕は先生に向かって質問した。

「単に知識として覚えるのではなく、現実の関わりの中で感じ、考えて、自分の言葉を見つければいい。これは授業でやったことだし、学校の授業だって、読書をしている時だってできる。頭で理解するのをやめるんだ」

先生は、デカルトの説明のときから一貫していたことに気がついた。現実との関わりで考える。つまり、これが何かを知ろうとする時の基礎になる考え方だと考えているようだ。

「なら今回の授業で、二人は自分の言葉を身につけることができたんですよね？」

「そうだ。と断言できればいいんだけれどねぇ。正直なところ今回の授業が二人にとって、本当の意味での自分の言葉になったかどうかは分からない。これればかりは一人ひとりに響く体験が異なるからな。

私としては、二人に自分の言葉になるかもしれない様々な種を、芽が出るかどうかにかかわらず、せっせと渡すことしかできないんだよ」

先生はそう言って、棚の上にある地球儀に目をやった。

分かることが怖くなる

「ただ、自分の言葉を見つけ、分からないことを勉強していくと陥りやすい罠がある」

「そんな顔して脅さないでくださいよ」

「ハハハ。脅しているんじゃなくて、心配しているんだ。知らず知らずのうちに、この罠にハマる人が多いから」

「どんな罠ですか？」

「ものを分かり始めると『周りの人はなんで勉強をしていないんだ』、『なぜ勉強せず、同じことを繰り返して生きているんだ』と憤りを感じることがある。あるいは『他人と比べて、なんて俺はダメなんだ』と劣等感を持つかもしれない」

いきなり心当たりがある話だ。

やめた方がいいと分かっていても、他人と比較をして、落ち込んでしまう。

「しかし、その段階を通り過ぎ、自分が本当に何も知らないことに気がつくと、何も知らず、何も分からない自分に耐えられなくなる。自分のそれまでの当たり前がぼろぼろと崩れると、学ぶ相手が途方もなく大きく見えてきたりする。こうなると学ぶのが怖くなる」

「怖くなるんですか？」

先生は僕の方をじっと見て言った。

「怖いねぇ。だから、いま知っていることで満足するようになったりしてね。ヘーゲルに言わせれば絶望の道なんて表現になるだろうけどね」

絶望の道……。

「そう身構えなくても大丈夫だ。怖くなったら踏ん張りどころ。それを覚えておいて欲しい。そこからが、また本当に楽しくなっていくんだから」

「考える」と「考えない」の間

僕が難しい顔をして、「考えるのって大変ですね」と愚痴ると先生は笑いながら言った。

「ハハハ、そんな力まないで、リラックスしなきゃ」

いつの間にか、肩に力が入っていた。

先生は両腕を上げて「ほら、深呼吸でもして」と僕に言ってから、言葉を続けた。

「デカルトだって、ずっと考えろなんてことは言っていない。むしろ考えていないときのことについても言及している。

逆に、ただ私が考えることをやめるだけで、仮にかつて想像したすべての他のものが真であったとしても、私が存在したと信じるいかなる理由も無くなる。

（『方法序説』）

むしろ、考えていない時があるからこそ、考えることができる。デカルトだってお酒を飲むときもあれば、誰かの話にイライラすることだってあったはずだ。自分の娘が幼くして亡くなったときは、彼は何を考えていたんだろうか。まさか『我思う』ではないだろう？」

「そんなことは絶対ないですよ」

そんな人でなしの、ロボットみたいな人はいるはずがない。

「この『方法序説』は、デカルトが彼の持てる力を最大限に使って考え抜き、確信が持てたことだけを文章に残したものだ。だから感情的なものについては書かれていない。これが彼なりの伝え方になる」

「自分のできる範囲で、最大限の努力を見せるのがいいと、デカルトは考えたわけですか？」

「そういうことだ」

「でも、これって逆に見れば、自分の良いところだけを文章にしたってことですよね？　なんだかずるくないですか？」

「ずるい？」

「だって、人は失敗するじゃないですか」

「失敗するね」

「それを隠しているってわけじゃないですか。ズルいですよ」

「失敗したからといって、それを見せるかどうかは、別の話だろ」

「でも、その人の裏側まで書かれていた方が、共感してもらえたりするじゃないですか」

「そういった側面も確かにあるだろうね。ただ、デカルトはそのような共感を得る生き方を望まなかった。それよりも、彼が自分で考えることができる最大限の成果を他の人に伝えたいと考えた。それだけだ。


だから、君に『デカルトの態度を全面的に真似すべきだ』なんてことは言わないよ。君のように、すべてをさらけ出したいなら、出せばいい」

「僕だって、すべてをさらけ出したくないですよ。自分は見せたくないですけど、他の人のは見たいというか……」と僕が答えると、

「自分は見せたくないのに、相手のは見たいのか。君はわがままだねぇ」と先生は呆れたように言った。

「ともあれ、デカルトはそのように生きることを決めた。誰であっても考える行為と日常の生活を送るという、二重性を抱えて生きているものだ。そんなデカルトの肩を借りて世界を見てみれば、彼が見ていた風景が君にも見えてくる。その肩越しにもう一度福沢とおしゃべりすれば、それまでと違ったものが見えるはずだ」

その後の雑談で、先生は「自分ばかり見ていても頭でっかちの考えになるから、現実との関わりの中で考えないとだめだよ」と言ってきた。僕には、『頭でっかち』と言ったときの先生の何とも言えない表情が印象に残った。

ヘーゲル先生の教え 自分だけの言葉を見つける

ヘーゲル先生の書斎から帰る途中、電車の中で福沢諭吉の自伝をパラパラとめくっていると、戊辰戦争の話が目に留まった。

旧幕府軍と新政府軍が激しく争い、福沢の教えている江戸にある校舎からも大砲の音が聞こえ、煙が上がっているのも見えた。街中は混乱し、ありとあらゆる店が休業していた。

そんな状況でも、福沢はいつものように教壇に立ち、経済の講義をしていたという。

どんな状況下だって人は学ぶことができる——その姿は眩しかった。

仕事が忙しいとか言い訳をして勉強をサボってはいけないな、と思っていると小林からメッセージが届いた。

――おい、元気？

――元気だよ

――お前がヘーゲル先生と何かやってるのを聞いて、俺も負けてられないと思ってね

――なんだそれ

――俺も視野を広げるために、異業種交流会っていうのに参加したんだよ

――どうだった？

――彼女できた

――は？

――彼女できた

――は？

3章

悩むくらいなら、進んで「対立」するんだ

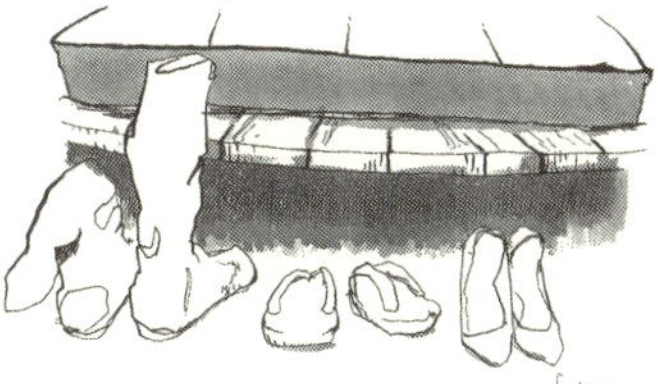

実家に帰ったら、おばあちゃんが遊びに来ていた。

「あんた、いい子はいないの？　男だったら結婚して、ちゃんと身を固めた方がいい」というものように言ってきた。「一人になったら老後寂しいわよ」とダメ押しされた。僕だって、好き好んで一人でいるわけじゃない。

「まぁ、そのうちね」と言葉を濁したけれど、本当に結婚ってしないといけないのだろうか？　昔はそうだったけれど、今は結婚しないのだって普通になっている。そもそも世界の人口が増えすぎて困っている。食糧危機だ、環境破壊だ。

人間が増えすぎているから困ってるんだ。

むしろ、独り身の僕は世界の救世主なんじゃないだろうか。

大きな視野で自分を捉える

「先生、彼女が欲しいです」

「ハハハ」

「先生、笑わないでくださいよ」

「来てそうそう『彼女が欲しい』なんて言われたからな」

「僕だっていつも『自分の人生はどうすればいいか』なんて考えてられません。やっぱり彼女だって欲しいんです。むしろ、こういったことの方が人生にとって大切じゃないですか！」

僕がそう言うと、先生は笑って答えた。

「ハハハ、そうかもしれないな。いい人はいないのか？」

「いたら、先生にこんなこと言ってないですって」

僕はそう答えると、先生はちょっと考えて言った。

「最近の若い人たちは、インターネットで出会いを見つけるんじゃないのか？」

「あぁ、マッチングサービスのことですね。あれは地獄みたいなもんです。自分に合った人を見つけられると思いきや、イケメンが一人勝ちしているだけなんですよ」

「地獄で、一人勝ち？」と先生は不思議そうに言った。

「結局、イケメンや高収入な男性に人気が集中するんです。ほら、学校とかでも、カッコいい一部の人だけがモテて、他は相手にされないのと同じですよ。まして学校といった狭い世界ではなく、全世界の男と比べられるから競争がもっと激しいんです。それが地獄のマッチングサービスなんですよ！」

「なんだか大変そうだな」

「僕みたいな何もない男は、相手にされないんです」と僕が言うと、先生は慰めるように「そんなに自分を卑下《ひげ》することはないだろう」と言った。

しかし、実際にモテないいんだから仕方ない。

「自分のことを振り返ってみても、なんにも昔から変わってないんですよ。恋に落ちて失敗する性格も、ちょっとプライドが高く何も行動できないところも、なんにも変わってないんです」

「ほぉ、君の性格は、そういったものなのか?」先生は眉をひそめて言った。

「そうです。ほら僕が先生に、昔恋愛のことで相談したじゃないですか」

「君らしい話のやつね」

「それです」

小学五年生の夏休み明け。初めて異性に恋愛感情が芽生えたのは調理実習の時間だった。それまで特に気にしていなかったクラスの女の子が『私が頭にバンダナ巻いてあげる』と言って、背伸びし、前から巻いてくれたのだ。その瞬間から、彼女のことが気になりだし、それまで異性だとすら思っていなかったのに、その日から相手の目を見て話すことができなくなってしまった。そして、どうすればよいのか分からず、思わず先生に相談したのだ。

「相手の子は、君のことが好きだったんだろうなぁ」

「当時の先生もそう言ってましたよ。でも、そのあと意識しすぎて、ほとんど会話もできなくなっちゃったんですよね……。はぁ……。実は、大学に入っても同じだったんですよ」

大学を卒業し、数年たっているのに、バイト先で一緒だった先輩のことを、今でも夜中に思い出すと、部屋で叫びだしたくなる。

「惚れちまったら、仕方がない」

「でも、行動できない自分は情けないじゃないですか。これって恋愛だけじゃなくて、留学を諦めたときも、就職したときも同じだなって、気がついたんです」

先生は僕の方を向きながら言った。

「ふ〜ん、君はそういった自分像を持っているわけだ」

「いつまでたっても、変わらないペラペラな野郎なんですよ、僕は」

こんなんじゃ、いつものように行動できずに終わるんじゃないか……。

「どうも君は自分ばかりを見ているようだ。**もっと大きな視野で捉えたほうがいいんじゃないか。**君の魅力が半減してしまうぞ」

先生はニヤリとして言った。

「もっと大きな視野？」

「人間の歴史といった、大きな視野で自分を捉えるんだ」

「人間の歴史⁉ なんですかそれ。そもそも、そんなのどうやってやればいいんですか」

「それなら、歴史世界を足場に考えた、哲学者ヘーゲルの話をしよう。そうすれば彼女もできるかもしれない」

どうやらついに、先生がヘーゲルのことを解説してくれるようだ。

歴史を考えるとはどういうことか――ヘーゲルの場合

「まず、ヘーゲルの歴史理解について話しておこう。ヘーゲルは世界史そのものを扱う、世界史の哲学と題した講義を計五回おこなっている。現在、その大学の講義を受けていた聴講生のノートが編纂《へんさん》され、『歴史哲学講義』として出版されている」

「あれ、ヘーゲルが書いてないんですか？」

「このことを本にする前に、ヘーゲルは亡くなってしまったからね。だから、弟子たちが自分たちの授業ノートなどを使って編集したものが現在出版されて、伝わっている」

「へぇ〜」

「その講義の中で、ヘーゲルは思考によって捉えた歴史を描く。

一般的に言えば、歴史哲学は歴史を考察することに他ならない。われわれは考えることをやめることができない。この点でわれわれは動物と異なる。

（『歴史哲学講義』）

そして『世界史とは自由の意識の進歩を意味する』と語る。

世界史とは自由の意識の進歩を意味するのであって、——この進歩をその必然性において認識するのが、われわれの任務なのである。

（『歴史哲学講義』）

ヘーゲルはね、歴史の中にある大きな流れを見つけようとした」

「つまり、これって歴史には進む方向があるってことですか?」

「ヘーゲルはそのように考えた。たとえば、アフリカから強制的に連れてこられた黒人奴隷が、様々な政治的な思惑があったにせよ、自由の権利を獲得していった歴史を思い浮かべればいい。そうすればイメージしやすいんじゃないか?」

昔に比べれば、多くの人が平等になってきたのは理解できる。

諭吉が生きていた時代は、武士の子は武士に、農民の子は農民に、商人の子は商人にしかなれない、厳しい身分制度の世の中だった。そういった身分制度に対し、『門閥制度は親の敵《かたき》』と言って、諭吉は果敢に戦って自由を獲得していった。

その当時と比べれば、今は随分自由になったと言えそうだ。

ヘーゲルの説明は納得できる。

「ただし、こういった歴史が進歩、発展するといった考え方は一八世紀に芽吹き、一九世紀の西洋人を包んでいた考え方だと言われている」

「え、そうなんですか？」

納得していたのに、いきなり話がひっくり返された。

「それ以前は、ルネサンスのように古代ローマやギリシャの古典時代を復興させようとする運動であったり、平家物語の冒頭のような盛者必衰、四季のように良い時と悪い時が循環する歴史観のほうが、一般的な考え方だったんだよ」

時代は繰り返すものだといわれれば、その考え方も納得できる。

「なんで、ヘーゲルはそんな事を考えたんですか？」

「これには彼が生まれた、一八世紀後半から一九世紀初頭の時代が深く関係している。当時、ヘーゲルが生まれたドイツは、大小様々な約三百程度の領邦国家に分かれていた。それぞれの領邦では、一部の特権階級が権力を握り、好き勝手に統治していたと言われている。ある君主は、愛人と贅沢に暮らすために身勝手に税金を上げたり、時に三千人以上の領民を奴隷のような存在としてオランダ東インド会社に貸し出し、資金を手に入れたりしていた。この貸し出された領民たちの中で、生きて故郷に帰れたのはわずか数百人だけだったという。ヘーゲルはこのような状況を『ドイツはもはや国家ではない』と評している。

こうした社会の中、ドイツの普通の家庭に生まれたヘーゲルは、息苦しさを感じながら成長した。そんな折、隣国で『人間は自由であり、権利において平等』との宣言を掲げたフランス革命が勃発《ぼっぱつ》する。この出来事は、一八歳という多感な時期にあったヘーゲルの心を大きく揺さぶった」

青春時代にそんな衝撃的な出来事に出会ったら、自分の価値観に大きく影響を受けそうだ。

「なんだか諭吉みたいですね」

ペリーが黒船でやって来たとき、諭吉も一八歳だった。

「誰であっても自由でありたいものだからな」先生はそう言って、本の表紙をトントンと叩きながら言った。

「でもね、大学を卒業する頃には、心揺さぶられたフランス革命の動きは、かなり暴力的な方向へ進んでいた。ロベスピエールを中心としたジャコバン派と呼ばれる人たちが主導権を握ると、自分たちの主義に反対する人たちを、正当な裁判もなく次々と処刑していった。いわゆる恐怖政治と呼ばれるものだ。およそ一年間続いた恐怖政治の期間に、パリでは何千人もギロチンによって処刑され、フランス全土では数万人もの命が失われたと言われている」

「うわぁ……」

随分と悲惨な話だ。

新しい社会に期待していたのに、その結果が酷すぎる。

「ヘーゲルもそのような状況を念頭において、『歴史哲学講義』で言及している箇所がある」

先生はその一文を読み上げた。


けれどもまた、歴史を、民族の幸福、国家の知恵、個人の美徳が犠牲となった処刑場とみなしたとき、この膨大な犠牲は一体何者のために、いかなる最終目的のためにそこに捧げられたのかという疑問が自然と生じてくる。

（『歴史哲学講義』）

「自国ドイツの現状を考えると自由や平等といったことに心は惹かれるが、隣国フランスの恐ろしい惨状を知ると、気軽に革命を賛美することなんかできない。そうであっても、この悲惨な状況にも、何かしらの意味があるのではないかと、ヘーゲルは問わずにはいられなかった。

このような現実を直視しながら、彼は大きな視野で歴史を捉え、世界史は自由を獲得する過程だと考えるようになった」

「へぇ〜」と僕は思わず言ってしまった。

ヘーゲルが残した足跡

「ヘーゲルの生涯を紐解くと、一七七〇年に神聖ローマ帝国の南西部、現在のドイツのシュトゥットガルトで生まれる。公務員の父親のもと、特別に貧しいわけでも裕福でもない家庭で育つ。優秀な成績でギムナジウムを卒業すると、神学を学ぶためにテューービンゲン大学に入った。その大学で学んでいる時期に、フランス革命が始まる。

卒業後、特別なコネもなかったヘーゲルは、大学で教えることを夢見ながら、当時の卒業生にとって一般的であった家庭教師の職につき、七年間を過ごすことになる。三一歳のとき、父親の遺産を引き継いだことで生活が安定すると、イェーナ大学で自分の講義を取ってくれる人数によって収入が決まる私講師として教えはじめる。しかし六年後には、ナポレオン戦争の影響で大学が閉鎖され、大学での職を失ってしまう。この時に彼の代表作の一つ『精神現象学』が刊行されている。その後の数年間は、地方の小さな新聞社で働いたり、薄給のギムナジウムの校長を務めたりしながら、生活をしていた」

先生の取り上げる人は、苦労人ばかりだ。

「もちろん、その間もヘーゲルは仕事をしながら勉強を続け、執筆活動にも励《はげ》んでいた。その時期に書かれた『大論理学』が出版されると、ヘーゲルの名声が一気に高まり、大学から招聘《しょうへい》を受けることになる。一八一六年、ヘーゲルは四六歳の時にハイデルベルク大学の教授に、二年後にはベルリン大学の教授に就任している」

「いろいろあったけど、最後は教授になれてよかったということですか？」

「どうだろうねぇ」先生は首をかしげながら答えた。

「ヘーゲルは、ドイツの民衆が主権を得る前に、当時流行していたコレラと思われる病気で急死してしまう。六一歳の時の出来事だ。死を迎える四日前まで教壇に立ち、法哲学と哲学史の講義をしていたという」

「まだまだ若かったんですね……」

その後のドイツ社会がどうなるのか知らずに、ヘーゲルは世を去ったのか。ヘーゲルはどんな心境だったのだろう。

「そうではあるが、彼の思想は後世に大きな影響を与えることになった。前にも話したように、後に社会主義を築いたマルクスは、ヘーゲルの考えを基にして社会主義の思想を練り上げた。ほかにも、哲学者のキェルケゴールやニーチェといった人たちは、ヘーゲルの思想と向き合いながら、自分たちの思想を作っていったね」

宗教に頼れなくなった時代の生き方

「ヘーゲルはね、嘘のような話に聞こえるかもしれないが、宗教に取って代わるものを探ろうとした人だ。結果的に、ヘーゲルの考えたことは宗教を包むものになったけどね」

「ふぅ～ん」

宗教と言われてもピンとこないので、適当に相槌を打つと、先生はすかさず言った。

「どうやら君と全く関係ない人物だと思っているようだな。宗教に頼れなくなったヘーゲルこそ、君と同じ悩みを抱え、先に考え抜いてくれた一人なんだぞ」

「え、そうなんですか？」

「歴史を振り返ると、宗教抜きで社会的な集団が成立するとは、ヘーゲルには思えなかった。だけれども、宗教はすでに力を失ってしまい、宗教では新しい社会の秩序をつくれそうにないと感じていた。これは私や君が生きている社会と同じなんだよ」

「じゃあ、どうしたんですか？」

「そのためにヘーゲルは、その宗教に代わるものを探す手がかりとして、若い時から歴史を研究したわけだ。その成果として、一八〇七年に世界史を足場とし、それまでの哲学者の考えを解体して作りあげた『精神現象学』を出版することになる。その後も勉強を続け、大学の職を得るまでの道のりは、先ほど話したとおりだ」

どうやらヘーゲルの勉強は、現実的な問題解決のためにあったみたいだ。

誰もが歴史を背負って生きている

「ヘーゲルと比べると、たしかに僕の視野は狭いですよ。自分ばかりしか見てないのは分かりましたけど……。そんなこと言っても、先生は歴史の勉強が足りないから、彼女ができないとでもいうんですか？」

歴史を勉強したって、本当に彼女なんかできるだろうか。

会った時の話題は増えそうだけれど……。

「君だって、歴史を背負って生きているんだから、そのことに目を向ければいい。そうすれば君に備わっている魅力に気がつくはずだ」

「歴史を背負っている?」

「そうだな、ちょうどいい話がある。それは、ソウタが勉強を嫌になってしまった時の話だ」

先生はそう言って、日本の歴史が描かれた漫画を本棚から一冊取り出して言った。

「ソウタは歴史に興味が持てず、どうしても勉強に力が入らなかった。そのせいかテストの点数も伸びない。一方のヒナは、暗記が得意なためぐんぐん先に進んでいく。一緒に歴史の勉強をしているソウタにとって、その時間は心地よいものではなかった」

「うわぁ、その状況はつらいですね」

「歴史の勉強が嫌だ、と顔にでるような日も増えてきた。そんなある日、『なんで歴史なんか勉強するの?』とソウタが聞いてきた。ヒナがお休みだったたから、ちょっとだけ弱音を吐いたのだろう」

「点数が取れないと、やる気が下がりますからね。その気持ちは本当によく分かります」

「だから、ソウタと歴史は切っても切れない関係であることを話すことにしたんだ」

授業　歴史って何？

ソウタは机に向かいながら、日本史の流れを理解するために、歴史を漫画で描いた本を読んでいた。内容は平安時代についてであったが、カンムテンノウだったり、インセイだったり、よく分からない言葉ばかりで、興味が持てず集中力が切れてしまった。そこで、ソウタは先生にぶっきらぼうに質問した。

「ヘーゲル先生、なんで歴史を勉強するの？」

先生はソウタの嫌そうな表情を見て、少し考えてから答えた。

「ソウタは生まれてからずっとここに住んでいるんだっけ？」

「うん、そうだよ。十年以上住んでる」

「では、いま話している言葉は誰に習ったんだい？」

「う〜ん、学校？」

ソウタは首をひねりながら先生に答える。

その自信のない態度を見て、先生はさらに質問した。

「学校に行く前からしゃべってたはずだろ?」

「あ、そういえば、お母さんが前に一歳半を過ぎてもしゃべらないから、焦ったって言ってたかも。そっか。もっと前からしゃべってたんだ」

先生はソウタの少しだけ集中し始めた様子を確認して、話を続けた。

「はじめは、ソウタのお母さんやお父さんから言葉を学んだと言えるんじゃないかな。あるいはおじいちゃんや、おばあちゃん、親戚の人あたりだろう」

「小さいとき保育園に入ってたから、その時の先生も、もう顔も覚えてないんだけど、タンポポ先生って言ってた。あれ、変な名前」

ソウタが自分の不思議な記憶に引きずられたのを見て、先生は質問を変えた。

「その保育園のタンポポ先生も、ソウタのお母さんもお父さんも、いったい誰から言葉を学んだんだろうかね?」

「お母さんのお母さんだから、おばあちゃんからとか?」

ソウタは自分の母親をまず想像したようで、先生に答えた。

「ソウタと同じように、それぞれのご両親から学んだんだろうね。おばあちゃんも同じだし、そのおばあちゃんのお母さんも同じだ。そうすると、ずーっと遡《さかのぼ》っても同じだろう。こうして、言葉っていうのは代々引き継がれているんだ」

「そうなの……?」

ソウタの口ぶりから、どうにもしっくり来ていないのを見て、先生は別の事例を出すことにした。

「これは言葉だけではないんだぞ。ソウタが教室に入ってくるとき、玄関で靴を脱いできただろ」

「え、当たり前だよ。今日も靴をちゃんとそろえてきたし」

「さすがだな。でも、部屋に入るときに世界中の人が靴を脱いでいるわけではないんだ。靴を脱がない国もあるんだぞ」

「え、そうなの?」

「最近では靴を脱ぐ習慣も広まってきたみたいだが、たとえばアメリカでは靴を脱がない。海外の映画を観るときに注意してみるといい」

ソウタは先生の話を聞いてびっくりした。

「みんな脱ぐんだと思ってた! 靴で家の中に入るなんてなんだか汚い気がする。変なの」

「では、日本ではいつから靴を脱ぐ習慣があったと思う?」

「いつから……? ってことは、昔は靴を脱いでない頃があったの?」

「もちろん。そもそも靴を履いていない時代もあったからね」

「へぇ〜、そうなんだ。う〜ん……、いつからなんだろう。先生がこんな質問をするってことは、靴を脱ぐ習慣はかなり昔からってこと?」

「お、ソウタも私の質問に慣れてきたな、ハハハ」

「先生が普通の質問をしてくるなんて、おかしいんだから。なら三百年くらい前かな?」

ソウタは先生の意図を見抜き、得意げに答える。

「実はもっと昔から靴を脱いでいたんだよ。正確な時代は分かっていないが、千年以上前の平安時代の絵巻を見ると、貴族たちは部屋の中ではすでに靴を脱いでいる」

「千年⁉」

「かなり昔だよね。当時の建物が描かれている本を見てみようか」

先生はそう言うと、平安時代の資料集を引っ張り出した。

ソウタは身を乗り出してそれを覗き込む。

「なんか神社っぽい」

「神社っぽいね。この教室と違って、当時の貴族は神社に似た邸宅に住んでいた。邸宅というのは、大きな家のことだね。この当時の貴族の家では、床は地面から離れて木の板で作られている。これより以前、家の中は土の上であったり、土の上に何かを敷いて暮らしていた」

「へぇ〜」

「靴を脱いでいる分かりやすい絵巻は、平安時代の後の時代、室町時代に描かれた『慕帰絵《ぼきえ》詞《ことば》』だ。お坊さんが草鞋《わらじ》を脱いでいる絵がいくつかあるだろ」

「あ、本当だ」

「もっと古い時代の正確な資料は出てきてないから、人によってはもっと大昔から靴を脱ぐ習慣があったと言う人もいる。どちらにしろ、ソウタが靴を脱ぐ習慣は、ずーっと昔から代々伝わってきたんだ」

「ぐちゃぐちゃって脱ぐと、怒られるくらいのもんだと思ってた」

「ハハハ。もしかしたら昔の人も『コラ、靴はしっかりそろえなさい』ってそんな調子で言われたかもな」

「今と変わらないね。なんだ昔の人も同じだ」

どうやらソウタは平安時代の人の生活を想像できたようだ。

◇◇◇

「さて、歴史の授業に戻ろう。平安時代につくられた都《みやこ》はなんて書いてあった？」

「え～っと、平安京？」

「その通り、平安京だ。では、日本のどこにあるんだろう？」

「う～ん、京都？」

「京都府だね。分かってるじゃないか。なら京都府のどのあたりにある？」

「そんなの分かんないよ。京都としか、書いてなかったし……」

「なら調べないといけないな。地図帳で京都府が載っているページを開いてみなさい。人がたくさん住んでいそうな平野が広がっているところがあるはずだ」

ソウタはカバンから地図帳を出し、京都府のページを開いた。

先生はソウタの開いたページを見て、アドバイスをしながら、一緒に探し始めた。

「平野というのは低く平らな大地のことだったな。京都府の真ん中よりちょっと下辺りの地図で白っぽいところが人の住んでるところだ」

「あった！　あれ？」ソウタが何かに気がついた。

「この辺って、道が真っ直ぐで、タテ、ヨコにきれいに並んでる！」

「いいところに目をつけたな。平安京だった場所は、道路が碁盤の目のようになっている。これは平安時代の名残なんだ。今は舗装されているけれど、昔に決めた区画が、現代まで使われているんだ」

「へぇ～、そんな昔からの道路がまだあるんだ。これも靴を脱ぐ習慣と同じで、ずっと昔から続いているんだ……。面白い。あれ、じゃあ僕の家の前の道も、もしかして……？」

ソウタが首をひねって聞いてきたので、先生は近所の古地図を本棚から引き出した。

授業解説

歴史を学ぶのは、今の自分を知ること

「先生がソウタ君に伝えたかったのは、誰だって歴史と深く関わりがあるってことですよね」

「そうなるな」

「つまり、僕もソウタ君のように日本の歴史を勉強すればいいんですか？　勉強すれば彼女ができるっていうんですか？」

先生は僕の疑問を聞くと、僕のことをじっと見て、ちょっと時間を置いてから、

「……、そもそも歴史って何だろうか？」

「歴史ですか。昔の出来事ってことですよね？」

「歴史を学ぶのは、今の自分を知ることだ」

「どういうことです？」

また先生が不思議なことを言い始めた。

「それなら一つ、たとえ話をしよう。私がよく行く温泉街に、百年以上前からある旅館がある。

その旅館をいま経営している五代目の社長は、旅館の歴史を振り返り、お客さんに次のようなアピールをしている」

当旅館は、創業百年を超え、明治に活躍した文豪が幾度となく訪れ、小説の舞台にもなったこともあります。食事で提供される食材は、地域に伝わる伝統食でございます。

格式があって高級そうな旅館だ。

「ところが、私が若い頃通っていた時に経営していた、四代目の時のアピールは次のようなものだった」

当旅館は、伝統に縛られることなく、最新の設備やサービスを導入することで、お客様に満足をしていただいております。当地域では他の旅館に先駆けて、家族で入れるプライベート風呂を導入し、自由に食事を選べるビュッフェ形式で提供しております。

「全く違う旅館じゃないですか」

「そう、全然違う。同じなんだけれどね。五代目の社長は、今は古いものが価値を持つ時代と考えているんだろう。ところが、先代の社長は、最新設備が導入された宿泊施設のほうが、お客さんが来ると考えた。どちらの社長もそれぞれの考えで、時代に合わせて表現を変えたわけだ」

先生は本棚から一冊の本を取り出した。

「この話は、歴史を語るとき、それぞれの時代とその人の視野が含まれていることを示している。歴史っていうのは、客観的な事実に基づいて成り立つものではないからな。

こういったことは、二〇世紀の歴史家のE・H・カーが著書『歴史とは何か』で主張していることでもある。カーは「歴史とは何か」という問いに直接答えることはできないと述べつつ、以下のように語っている。


わたしたちが「歴史とは何か」という問いに答えようとするなら、その答えは、意識的であれ無意識であれ、時代のなかの自分の立ち位置を反映していますし、自分が生きる社会をどう見ているのか、というもっと広い問いにたいする答えの一部でもあるわけです。

（『歴史とは何か』）


つまり、歴史を学ぶとは、当人の生きている時代の影響も含めて、いま、自分がどのように社会を見ているのかを知ることだ。そして、自分自身を深く知ることができれば、それまでよりも豊かな自分に出会い、より中身のある人間になれるってわけだ」

先生はそう話すと、両腕を大きく広げて言った。

「そうすれば、自分がペラペラだなんて感じなくなるだろう。どうだい、歴史を勉強したくなってきただろ？　中身のある人っていうのは魅力的だし、そうなれば彼女もできるってもんだ」

たしかに、空っぽより中身のある人間の方が魅力的だとは思う。

「なんだか、言いくるめられた気もしますが、歴史を学んだ方がいい気がしてきました。でも、先生。この方法だと、すぐに彼女はできそうにないんですけど……？」

僕が首を傾げて聞くと、先生は大きく笑った。

「自分の人生はこのままでいいのか」の問いが生まれる時

「君がここに来た時、『自分の人生はこのままでいいのか』と言っていただろ。その疑問は、近代以前だったら出てこなかったものだ」

「そうなんですか？」

「昔だったら、君の疑問は『僕の人生はこのままでいいのでしょうか、神様どうか教えてください』という疑問になっていたはずだ。そして、その答えは神様が答えてくれれば、それで解決だ。あとは、それに従うことができるかどうかが重要であった」

「僕は神様なんか信じていないですよ」

「それなら、お殿様の命令や、先祖や親を大切にするといった考え方、あるいは周りの人の目を気にすると言い換えてもいいだろう」

「あぁ〜」

「つまりね、昔だったら人は神様の教えや偉い人の命令、先祖や親、家や世間体に従い、疑うことなく人生を歩めば良かった。しかし、今ではそういったものを信じるだけでは納得できず、心のどこかで『それって本当だろうか』と、疑って考えてしまう時代になってしまった。

これは、『いかに生きるべきか』、『社会はどうあるべきか』といったことまで、私たち自身で考えないと気がすまない時代になったともいえる。もちろん、これは人々が自由になったと見なすこともできる」

先生は一度話を止めて、コーヒーを一口飲み、僕に向かって続けた。

「しかし、これは良い側面だけではない。もし残虐な事件が起きたとき、それは悪魔の仕業であって、その当事者に責任などないって言われたら、君は納得できる？」

「できないですよ」

「そうだよな。だから近代以降、人の善い側面だけでなく、邪悪な側面も直視しなければいけない時代にもなってしまった。ヘーゲルはね、このような善でも悪でも隔てなく神や宗教といったものに預けていたものを、人間の手に取り戻そうとした一人なんだよ」

先生は机の上に置かれたヘーゲルの本に目を落とし、それから僕の方を向いて言った。

「現在、西洋文化の影響を受けていない国はどこにもない。西洋近代から始まった、自分の生きる方針を、宗教や思想といった自分の外にあるものに完全に預けることができなくなった歴史の流れは、大げさに言えば、いまや世界中に広がっている」

さらに、僕の鞄に入っている本を指さしながら言葉を続けた。

「君が読んでいる福沢諭吉もその一人だ。黒船とともに西洋の考えが入ってきた時、福沢はその最前線に立って翻訳した人だからね。彼は自分の人生を振り返って『一身にして二生を経るが如し』と言っていたから、そりゃ、大変だったはずだ。西洋近代の考え方と格闘したといっていい。その結果、門閥制度は親の敵でござる、なんていう強い言葉を残すことにもなった」

先生は僕の目を見て言った。

「君の場合、『僕の人生は、このままでいいんでしょうか』といった言葉になって表れた。君が抱える悩みは、歴史の中で生まれたものなんだよ。福沢と同じようにね。

言葉や靴を脱ぐ習慣だって、かたちを変えながら多くの人が引き継いでいるように、君の心の欲求も、多くの人の中で生じているものだ」

ヘーゲルとニーチェの違い

僕は今までの話を聞いて、思いついた疑問を口にしてみた。

「これは、つまり、ニーチェが言った『神は死んだ』ってことですか?」

「たしかに、ニーチェがこういった状況を感じ取り『神は死んだ』といった表現をしたとみていい。ただ、ニーチェが『神は死んだ』と語るとき、それは多分にキリスト教の神が死んだことを意味するからねぇ。ヘーゲルの示した内容のほうが範囲が広いよ」

「どういうことです？」と僕は訊ねた。

「それを説明するために、まずニーチェについて簡単に紹介しておこう。フリードリヒ・ニーチェは一八四四年にドイツ東部のザクセン州にある小さな村に生まれた。つまり、ヘーゲルの死から十二年後に生まれている。

ニーチェは早熟な人だった。大学で古典文献学を学ぶと、すぐにその分野での才能を見出され、わずか二四歳という若さでバーゼル大学の古典文献学の教授に就任している。

この古典文献学とは古代ギリシャ・ローマの古典を研究する学問のことだ。ニーチェが活躍した時代、古典文献学は厳密かつ正確な証拠に基づいて、実証主義的に研究するのが主流になっていた。つまり、ニーチェは当時の最先端の学問領域で才能を示したわけだ。しかし、そういった学問を専攻する一方、哲学者ショーペンハウアーや作曲家ワーグナーといった、実証主義では捉えきれない意思といったものや、音楽の持つ感情的で直感的な要素に心惹かれていく。

若くして才能を見出され、ニーチェの人生は順風満帆に見えたが、初めての出版物を出すときに、古典文献学の立場ではなく、ワーグナーを宣伝するような内容が書かれた『悲劇の誕生』を出す。これによって、古典文献学の学会から実質的に追放されてしまう。

また、彼は体が弱かったこともあって、三五歳のときに教授職を退職している。以後、執筆に専念し、彼の代表作である『ツァラトゥストラはこう語った』や『この人を見よ』といった著作が書かれることになる」

先生はそう言うと、席を立って隣の教室に入り、ニーチェの本を数冊持って来ると僕に手渡してくれた。

「そんなニーチェはキリスト教を批判する。彼に言わせれば、キリスト教とは、弱者が自分たちを正当化し、強者を悪と見なすことで不満を解消しているにすぎない。つまり、ローマに支配されていたキリスト教徒たちが、自分たちの弱さを肯定するために創造したものにすぎず、支配者への妬みが根底にある。たとえば、聖書には『貧しい人々は、幸いである』や『いま満腹している人々、あなたがたは、不幸である』といった言葉がある。ニーチェはこうしたキリスト教の世界観が、人々のより良く生きようとする力を否定し、多くの人の苦悩の原因であると考えた」

僕は先生の話を聞きながら、手渡された本を後で読むために、鞄《かばん》にしまった。

先生はそのまま話を続けた。

「しかし、ニーチェは、そういったキリストの価値観が時代とともに力を失い、影響力が薄れていったと考えた。というのも、デカルトを起点とした合理的な考え方や、科学の進歩によって、それまで信じていたことが信じられなくなってしまったからだ。ニーチェはそれを『神は死んだ』と表現した。だから、彼の言う『神は死んだ』とは、キリスト教の価値観が消えてしまったことに焦点が置かれている」

ニーチェは一体どういったふうに世界を見ていたのだろうか。

「そのキリスト教の価値観がなくなったらどうなるんですか？」

「ニーチェはその結果として、人は虚無主義《ニヒリズム》に陥ってしまうと考えた。指針や目標もない、だからといって自分で何かを決断しようとしない。あるいは、常に誰かに決めてもらおうとする。先が分からないから、目の前にある快楽や損得で行動してしまう。すべてのことが無意味に感じてしまう。そのような時代になってしまうと考えた」

「あー、ニーチェの言うことは分かります」

特に目的もないから、無駄な時間をダラダラと過ごしてしまうし、何かをやるにしても、これって意味があるのかなどと考えて、行動ができなかったりする。

「そういった現状に対して、ニーチェは古い価値観を否定し、新たな価値観を自ら創造することを提唱した。これを少し乱暴なたとえで言えば、目玉焼きに定番の醤油やマヨネーズといった調味料をかけるのではなく、自分自身で新たな味付けを生み出すようなものだ、なんて言うこともできる。しかもこの新たな味付けは、すでにあるレシピや調味料といったものに縛られることのない、新しい調味料でなければならない。これはけっこう大変だ」

「でも、それってかっこよくないですか？　ゼロから新しいものを作るなんて」

「かっこいいかもしれないけれどねぇ。下手したら、毎回まずい調味料で食べるんだぞ」

「う……、それはつらいですね」

流石に毎日のようにまずいものを食べるのはつらい。

「もちろん、新たな調味料を作ることに挑戦するのは大切だ。しかし、それまでの調味料をすべて投げ捨てて、全くゼロのところから新たな調味料を作るのは難しいもんだ。それまでのいろいろな人の試行錯誤の上で調味料があるんだからな」

「それはそうですね」

「ニーチェの提唱する生き方を、最初から最後までやり切るのが困難なんだよ。完全無欠の人ならできるかもしれない。しかし、普通の人には難しい。ニーチェ自身も、病気を患ったこともあって、この道を最後まで貫くことはなかった」

「たしかに、大変そうな生き方ですからね」

では、どうすればいいのだろうか。

「しかし、ヘーゲルの場合、ニーチェのような悲観的なニヒリズムの世界観を持たなかった。むしろ、ヘーゲルはそれまでの歴史を引き受けるかのように、死ぬまでルター教徒でありたいと語っているくらいだ。二人は同時代に活躍したとは言えないけれど、なぜこれほど異なった考えに至ったかといえば、ヘーゲルの場合、キリスト教というよりもイエス本人に出会ってしまったのが大きいと、私は考えている」

「イエス本人に出会う、ですか?」

イエスに出会ったヘーゲル

「実はヘーゲルが二〇代の中頃に、イエスのことを調べている。出版されることはなかったが、ヘーゲルが遺した原稿として、『イエスの生涯』や『キリスト教の精神とその運命』といったものが残っている。これらは聖書の中のイエスの生涯や、イエスを主軸にキリスト教を描《えが》いたものになる。しかも、ここで描かれたイエスは、死後の復活や水の上を歩いたといった奇跡をおこさず、現実におこりうる言動で描写されている」

「へぇ〜、そんなことを調べていたんですね」

「では、ヘーゲルが出会ってしまったイエスとはどんな人だったのか。これを一言で言うのは難しいから、聖書に書かれた有名な話をしよう」

先生は近くの本棚から聖書を取り出すと、話し始めた。

「それは、イエスが『隣人を自分のように愛しなさい』と教えを説いた際、その言葉を聞いたある人が『その隣人とは誰ですか』と質問をしたときに、イエスが答えたときの話だ。ざっくりと話せば、次のようなものになる。

あるユダヤ人がエルサレムから他の街に旅をしていると、強盗に襲われ、身ぐるみを剥がされ、怪我を負ってしまう。そこに、あるユダヤ教の司祭が偶然にも近くを通るが、そのまま通り過ぎていった。次に、司祭よりもすこし位の低いユダヤ教の祭事を司るレビ人が、怪我人の近くを通ったが、彼もまた通り過ぎてしまう。最後に、その怪我人の近くを、異邦人としてユダヤ人から忌み嫌われていたサマリア人が通ると、その人は怪我人を見てかわいそうに思い、傷口を手当てして、近くの宿屋につれていって面倒を見た。

翌日、そのサマリア人は宿屋の主人に、当時の労働者の日当二日分の金額を手渡し、「この人の面倒を見てください、渡した以上の費用がかかるようなら、帰りがけに私が払います」と言って去っていった。


この話を語った後、イエスは隣人とは誰かと質問をしてきた人に訊ねる。

「この三人の中で、強盗に襲われて怪我を負った人の隣人になった人は誰か」とイエスが問うと、その人は「助けた人です」と答えた。そこでイエスは「行って、あなたも同じように助けなさい」と答えた。


こうした話が聖書の『ルカの福音書』には記されており、善きサマリア人のたとえ話として現代に伝わっている」

「この話って、なんだか生々しいですね」

「そうだな。ヘーゲルはこのようなイエスと出会ってしまった。これがキリスト教と向き合ったニーチェとは大きく異なる」

「どういうことですか？　二人ともキリスト教から考えを出発した点は同じですよね。イエスという人に出会うことが、そんなに重要なんですか？」

「考えてみてくれ。たとえば、アメリカンドリームであったり、黒人差別といったアメリカ全体の文化問題について考える場合と、君が好きなスティーブ・ジョブズという個人について考えることではその結果は大きく異なるだろ。あるいは、明治の日本人について考えるのと、夏目漱石個人について考えるのでもいい。そこから引き出せるものは異なることは想像できるだろ？」

「あぁー、たしかにそうかもしれません」

ジョブズは細部まで拘《こだわ》ったすごい製品を生み出し、巨万の富を築いた成功者かもしれない。しかし、彼は偶然エレベーターに一緒に乗り合わせた社員に「キミはこの会社のためにどんなことをしてる？」と問いかけ、はっきりと答えられないと激怒し、その場でクビにするような、厳しい人物でもあった。そういったことを考えると、アメリカンドリームといった大きな考え方に向き合った時と、もっと混沌として複雑な個人の話に向き合った時では、そこから出てくる結論は大きく変わりそうだ。僕は先生の話を聞いて、妙に納得してしまった。

自分を知るには相手が必要

「ヘーゲルは若い頃、悲惨なドイツの状況と、隣国フランスで自由を求めながらも混乱する状況に直面する。その状況であっても、ドイツという国をどうにか良くしようと模索するうちに、異質とも言うべきイエスと出会い、その存在と真剣に向き合うことで、ヘーゲルは独自の道を歩むことになる。そして**今の君に必要なのは、悩んでばかりいないで、ヘーゲルのように誰かと向き合って、進んで対峙《たいじ》することだ。自分を知るには相手が必要なんだよ**」

先生はニヤリとしていった。

「対峙ですか？」

「対峙というのは対象とじっくり向かい合うことだ。対立といっていい。君も進んで対立しなきゃ」

誰が進んで対立なんて面倒なことをしたいものか。

そんな僕の考えを見抜くような目で僕を見つめると、先生は言った。

「君は昔から逃げぐせがあるからな。特に進んで誰かと向き合わなきゃいけない」

「いやいや、無理ですって」

「なぜ無理って言うんだい？」

「なぜって……。正面からぶつかっても、いいことがないと思うんです。喧嘩だって、戦争だって、向かい合って対立が生まれるじゃないですか」

「君は変なところで意固地だからな。こういったことは、習うより慣れろだ」

先生は強引に話を持ってきた。

まずい、どんなことがあっても、見逃してくれない時の目つきになっている。

新しい自分に言葉を与える瞬間

「そうだな。前に君が福沢の『学問のすゝめ』を読んだ時、――貴賤《きせん》や貧富《ひんぷ》の差が出るのは学問をしているかどうかで決まる。だから勉強した方がいい――といった諭吉の主張に納得していなかったな?」

「……そうですね、勉強で決まるなんておかしいですよ」

「そう考えたからには、なにか具体的なことがあったのか?」

こうなったら、逃げずに向かい合うしかない。

僕は本を読んだ時の違和感を思い出そうとした。

「う～ん……、小学校の時を思い出すと、お金持ちの家の子たちは塾に行って、いい中学に入ったよなぁ、と」

「そもそも、勉強ができるかどうかは、親が金持ちかどうかで決まるというわけか」

しかも、スマホは最新のものを持っていたし、長期の休みには海外旅行に行っていた。

「そうなんですよ。あとはですね、中学の同級生にすごく頭のいい奴がいたんです。そいつは塾にも行かず、学校の授業を聞くだけで、毎回テストの点数がほぼ満点だったんです。その時、なんて理不尽なんだと思ったんですよ」

「つまり、努力ではなく生まれ持った能力によって、結果に差が出ると」

裏で隠れて勉強しているんじゃないのかと疑ったこともあったけれど、本当に勉強をしていなかった。それなのに僕より点数は高かった。

「そうなんです！　つまりですね、勉強によって差が生まれるんじゃなくて、勉強ができること自体に差があるんですよ。そんなのは公平じゃないです！」と僕は力を込めて言った。

先生は「そうかもな」と頷きながら僕に質問した。

「とはいえ、諭吉の語る学問ってのは、学校のテストで問われるようなものではなく、もっと幅広いものだろ？　それこそ科学からはじまり、手紙の書き方といった実用的なものも含まれていたはずだ」

「そうですけど、そういった学問を学ぶのも、生まれた環境や、持って生まれた才能の影響が大きいじゃないですか。自分ではどうしようもないことなのに、差が生まれてしまうなんておかしいですよ」

「では、諭吉はなぜ勉強しろ、なんてことを言ったんだろうか？」

「それは時代の違いですよ。当時は『門閥制度は親の敵でござる』といった時代ですから。諭吉が、勉強すれば身分制度を突破できる、と語ったのは画期的なことだと思います。でも、今の時代では不十分だと思うんです」

「なぜ不十分なんだい？」

「だって、その前提の身分制度がなくなっているじゃないですか。そのかわり、裕福な家庭環境や持って生まれた才能で、成功できるかどうかの差が生まれているんですよ。それってどこかおかしいと思うんです」

僕の話を聞いた先生は目を閉じ、少し考えてから、僕の目を見て訊ねた。

「君は成功したいのかい？」

先生はとても簡単な質問をしてきた。

でも、僕は言葉が出なかった。

「……そう面と向かって言われると『はい』って答えにくいですね」

なんで答えにくいのだろうか。成功を目指しているなんて、どこか恥ずかしくて断言できない自分がいる。もちろん他の人から認められたいし、生きがいもあって、納得できる生き方もしたい。

「成功だけを目指しても、なんだか楽しくない気がするんです。それって、どの家柄に生まれたかで人生が決まるのと、あまり変わらないと思うんですよ。だって、そんなことに縛られていたら、諭吉のように自分だけができる生き方なんか、できないじゃないですか！」

僕がそう答えると先生はニヤリとした。

その時、僕は気がついた。

ああ、そうか。なんだかんだと言っていたけれど、僕は「自分だけができる生き方」というものにずっと拘《こだわ》っていたんだ。だから、『学問のすゝめ』に書いてあった一文に、はじめから引っかかっていた。

それに気がつくと、僕は背もたれに体重を預けた。そんな僕を先生は見つめながらコーヒーを一口飲むと、優しげに言った。

「いま君は福沢の生きてきた道と自分の人生を対立させて、それを乗り越えようとした。その結果、今まで自分が想像もしていなかったような新しい自分に、言葉を与えることができたわけだ。君はヘーゲルがやっていたようなことをやったんだ」

「これが対立するということですか?」

「そうだ。君も他の人と向き合って、それを包むような自分の道を見つければよい。その道すがら、何をもって自分と為すかを決めながら進めばよい」と先生は言った。

それが自分の道……。

僕が考え込んでいると、先生は目を細めて微笑みながら言った。

「君の眉間に深いシワが寄っているのをみると、この話はどうやら先に進みすぎたようだ。今日はこれくらいにしようか」

僕が帰るための準備を始めると、先生は「ヘーゲルにとって歴史哲学は最も言い表したいことではなかったね。『精神現象学』や『宗教哲学』のほうが、彼の核心が表れている」と言って、本棚からヘーゲルの書籍を数冊取り出し、手渡してくれた。

どんな内容かと気になって少しだけ読むと、これぞ哲学書という難しい文章ばかりで、頭の中に何も入ってこなかった。「文化の違い、言葉の翻訳の問題、ヘーゲルの言葉の使い方や説明が下手なことなどで難しく感じるかもしれない。そうであっても、私にとってはいいおしゃべり相手なんだよ」と先生は言った。

ヘーゲル先生の教え 自分を知るには、肩を借りる相手が必要

ヘーゲル先生との会話をぼんやりと思い返しながら、小林との待ち合わせ場所である居酒屋へ足を向けた。今日は小林に彼女ができたことを祝うことになっていた。三ヶ月ぶりに会った小林は、おしゃれに目覚めたようで、ずいぶんときれいな革靴を履いていた。

「小林、俺とお前って、対立している?」

「何それ、対立ってダサいね。今はどうやって勝つかだよ」

「勝つって何？」

「ビジネスで成功するんだよ」

「何をやるか決まったの？」

「決まってないけど、シショーを見つけた」

「彼女の次は、師匠？」

「ビジネスの先輩でシショーと呼ばれてる人。今まで何社も立ち上げて、成功しているんだって」

「へぇ～」


はじめはそんな調子で話していたが、途中から喧嘩になってしまった。小林は酔いが回ってくると、「俺はこのままでは負けてしまう」、「勝たなきゃいけない」、「稼がなきゃいけない」、「世の中、金なんだよ」と何度も言ってきた。

僕はお金、お金と言っているのが嫌だったので、

「金なんかより、自分だけができる生き方を追求した方がいいじゃないか。だから、好きなことを仕事にする生き方の方がいいに決まっている」

と言ったら、小林は顔を赤くして僕に言った。

「お前は持っているじゃないか。だからそんな生ぬるいこと言うんだよ」

「何を持ってるっていうんだ」

「ちゃんとした仕事に、人間関係だってある」

「俺だってそんなにいい仕事じゃない。精一杯やっても、虚しいだけの仕事だ。それでも自分なりに楽しみを見つけて、毎日やっているだけだ。俺は何ももっ……」

小林は僕の話を遮って言った。

「いや、お前は全て持っている」

「いや、持ってない」

「持っている」

何度も押し問答になった挙句の果てに、小林は今にも噴火しそうに、顔を赤黒くして言ってきた。

「お前は好きなことを仕事にしろとか言う。なぜそんな無責任なことを言うんだ」

「だからって、金をたくさん稼げる仕事をすればいいって言うのかよ」

僕も大声で怒鳴り返した。

「そうだよ。俺は今、朝七時に家を出て、帰宅は夜中の十一時過ぎだ。それなのに給料が低い。お前より俺の方が、現実を知っている」

そう言って小林は机をドンと叩いた。

僕は、すぐに言い返すのをやめて、深呼吸してから言った。

「小林、お前はいま頑張ってるよ。だからといって、目先の利益を選んだって失敗するに決まっているじゃないか。長い目で見れば好きなことをした方が、稼げるってよく言うだろ」

「お前は持っているから、そんなことを言うんだ！」

そこでこの会はお開きになった。

4章

信念がぐらつけば、人は真実を探ろうとする

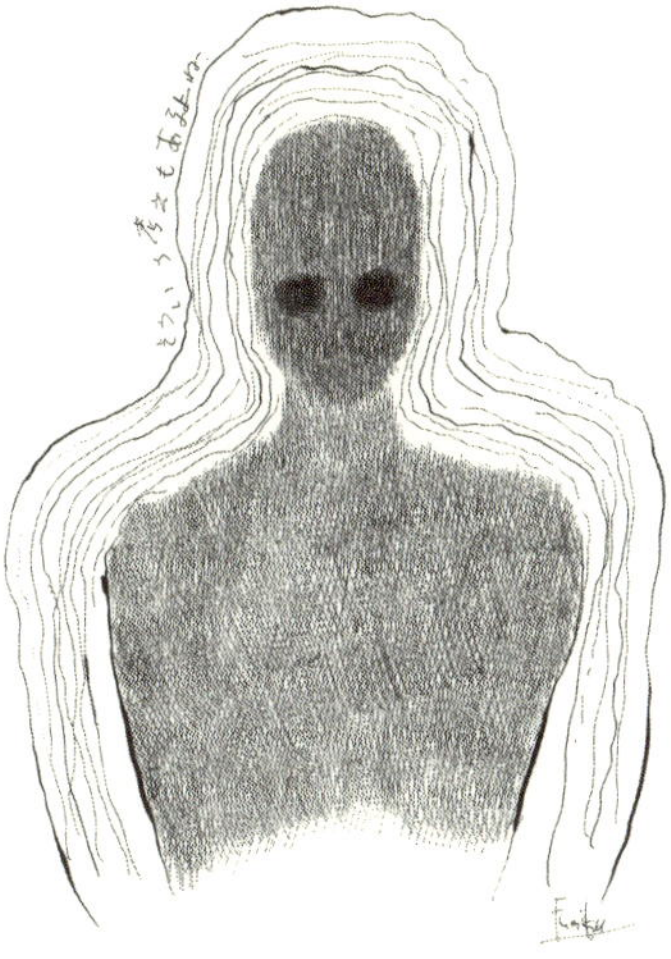

僕は小林との一連のやり取りが、どうにも心に引っかかったままだった。

僕は何か間違ったことを言ったのだろうか。

たしかに、僕の言葉はきつかったかもしれない。でも、それにしてもあれほど怒らなくてもいいように思えた。

だから、ヘーゲル先生に愚痴を聞いてもらおうと、駅前でケーキを買い、先生の書斎を訪れることにした。

「対立すること」が目的ではない

「先生が対立しろとか言うから、小林と喧嘩しました」

「私のせい？　何があったの？」

先生はショートケーキを食べながら、僕に聞いた。

「先生のせいではないんですけど……。好きなことを仕事にすべきか、それともお金を稼ぐべきか、それで喧嘩したんです。その後、話題が二転三転して、僕はすべてを持っているが、小林は何も持ってないって言うんですよ。僕だって何も持ってない、そんなくだらない押し問答をして、言い争いになったんです。アイツのほうが彼女だっているっていうのに」

先生はさらに詳しく話を聞くために、何度か僕に質問をすると、最後にこう言った。

「どうやら君は大きな勘違いをしているようだねぇ。向かい合うのは自分自身であって、相手と対立することが目的ではないぞ」

「？」

先生の言っていることが全く分からない。

でも、先生はそれ以上言うかどうか迷っているようだ。

一体何がはじまるというのか。

「直接言うと、君の気分を害するかもしれないから、授業でした話をしようか」

先生にしては珍しく、意味深な前置きをつけて言ってきた。

「嫌な予感がするんですけど……。何か僕の状況ってまずいんですか？」

「君は大きなエネルギーを抱えている。まるで爆弾といっていいくらいだ。その爆発力を上手く扱えれば、君の大きな可能性を伸ばせるのだけれど……」

先生がそこで言葉を止めたので僕は言った。

「けれど？」

「扱いに失敗すれば、爆発して、君は木っ端微塵になってしまうかもしれない」

単に愚痴を聞いてもらいたくて来たのに、雲行きがだいぶ怪しい。

「逃げていいですか？」

「そうだな、その授業の前知識として、ソクラテスを知っておいたほうが良いから、その話から始めよう」

　どうやら逃してくれそうにない。

知らないことを知っているという自覚――ソクラテスの場合

「ソクラテスって、昔の哲学者ですよね？」

「そうだね。ソクラテスは紀元前四七〇年頃に生まれた、古代ギリシャの哲学者だ。ソクラテス自身は文章を一つも残していないが、その弟子たちによって彼の姿が伝わっている」

「一つも残していないんですか？」

「書くよりも話す人だったんだよ。意外かもしれないが、ソクラテスのように文章を残さず、話すことで有名になった人は少なくない。たとえば、ブッダもキリストも孔子も、自分で文章を残していないからね。話を聞いていた弟子たちが、大事だと感じたことをなんとかして残そうと努力した結果、現代まで伝わっているにすぎない」

　聖書も、仏典も、論語も自分で書いてなかったのか。

　気にしたこともなかった。

「そのせいで、どこまで本人の語ったことなのか、後世の人たちの創作がどこまで入っているのか断定はできない。言えることは、いろいろな人の証言から、ソクラテスは実在した人物であったということだ」

「へぇ〜」

「ソクラテスは、デルフォイにあったアポロン神殿の巫女《みこ》から、ソクラテス以上の賢者は一人もいないと間接的に言われた人物だ」

ソクラテス以上の賢人は一人もいない？

「つまり、それって世界で一番ソクラテスは賢いってことですよね？　そんなにソクラテスは頭が良かったんですか？」

僕が聞くと、先生は首を横に振って言った。

「他人からその神託の話を聞いたソクラテスは、自分がそれほどの人物であるとは思えなかった。だから、その神託が本当かどうか確かめようとする」

「どうやって確認するんですか？」

「ソクラテスは、世間で名の通っている賢人や政治家などの優秀な人を訪ね、対話を重ねながら、自分より賢いかどうかを確かめていった。もし、その中で自分より賢い人が一人でも見つかれば、神託は嘘になるからな」

ソクラテスも、うまいこと考えたもんだ。

「ところが、ソクラテス以上に専門知識を持っている人はいたけれど、誰一人としてソクラテスよりものごとを知っている人はいなかった。つまり、自分が語っていることを、自分でしっかりと理解している人は誰もいなかったことに、ソクラテスは気がついたんだ」

「自分のことを理解していないって、どういうことですか？」

「たとえばソクラテスが、正義について知らないので教えてくれ、と相手に質問する。すると相手は『正義とは力』と答えたとしよう。その答えについてソクラテスが『力とはどういうものか』、『犯罪者が力を持っていたらどうなのか』と何度も質問を重ねる。すると、最終的に相手は言葉に詰まり、自分の答えに明確な理由を答えられなくなってしまう」

「そんな質問は小学生の屁理屈ですよ」

「相手の揚げ足を取ることが目的なら、屁理屈になる。しかし、ソクラテスは本気で知りたいから相手に聞いていたんだよ」

それなら小学生よりたちが悪いじゃないか。

「このようなやり取りを嫌う人はいた。しかし、ソクラテスの問いかけに応じれば、それまで思いもしなかった自分に出会えるので、何かを知ろうとする人には人気があった」

昔のギリシャ人は、相当のもの好きが多いようだ。

「この神託を確かめる過程で、ソクラテスは、どんなに頭のいい人でも、自分がよく知っていると信じているだけで、知らないことがあることに気がついていないことを悟った。言い換えれば、知らないことがあることを自覚している分だけ、ソクラテスは他の人よりも知っている。そのため、ソクラテス以上の賢者は一人もいない、という神託が真実であることが明らかになった。この知らないことを知っていると自覚することは『無知の知』と呼ばれている」

それでも善く生きることが大切だということ

先生はそう言って、僕の方を見て話を続けた。

「しかし、この態度は嫌われるには十分であった。無知の知を追究したソクラテスは、七〇歳の時に、青年を堕落させた罪とアテネの神を冒瀆《ぼうとく》した罪で告発される。その裁判ではアテネ市民が裁判官を務め、ソクラテスに死刑判決が下される」

「え、死刑になっちゃうんですか?」

「君の言うように、周りから見るとソクラテスは屁理屈ばかりで、しかも、お前は俺よりも分かっていない、なんていうことを相手に直接言っていたからな。しかも、当時、プライドの高そうな政治家や、賢人《けんじん》といわれている人たちに直接言っていたから、それはたいそう恨まれていた」

そりゃそうだ。そんな人の面子《めんつ》を潰せば、恨まれるに決まっている。

「さらに、ソクラテスの言動を若者が真似し、年配の人たちを馬鹿にすることも流行ってしまった。その結果、自分の息子や親族が口だけ達者になってしまったことに頭を痛める人も多くいた。しかも、時勢も悪かった。この裁判の数年前、ソクラテスが属していたアテネは、スパルタとのペロポネソス戦争で敗北していた。その戦争を指揮していた者たちの中には、ソクラテスの弟子が多くおり、敵側に寝返って情報を流し、戦況を悪化させた者もいた。こうした背景があり、憂《う》さ晴らしとしてソクラテスが裁判にかけられたとも言われている」

「それってなんだか理不尽ですよ」

戦争に負けたことを誰かのせいにしたいだけじゃないか。

「ソクラテスの弟子や友人たちも、君と同じように感じていた。無実の罪で死刑を宣告されたソクラテスを助けるため、彼に牢獄から脱獄し、他の国に逃れるよう勧めている。当時、自分の命を守るために他の都市に亡命することは、よくあることだった。実際、ソクラテスの関係者は、牢屋を守る門番などには話をつけており、ソクラテスが望めばいつでも逃げ出せる準備を整えていた」

「それならソクラテスは逃げ出したんですよね？」

先生は首を振って答えた。

「いや、逃げ出さなかった。ソクラテスは牢屋から出ることを拒絶する」

「なぜですか？」

そんなことしたら死んでしまうじゃないか。

命よりも大切なものでもあったのか。

「ソクラテスが何を考えていたのかを伝える話が残っている。その話は、死刑の執行の三日前に、友人のクリトンがソクラテスを説得するため、牢獄を訪れる場面からはじまる。

友人クリトンは、ソクラテスがいわれもない罪で、死刑の判決を下されたと考えていた。だからといって、彼の力ではその判決を覆すことはできそうにない。しかたなく、クリトンはソクラテスに牢屋を抜け出し、他の都市に逃げることを提案する。それに対してソクラテスは、脱獄するべきかどうかを慎重に検討しようと言葉を返す」

「なんで死ぬ間際になっても、そんなことを悠長《ゆうちょう》に話しているんですか？」

「ソクラテスは単に生きるのではなく、善く生きることが大切だと考えていたんだよ」

「どういうことですか？」

「ソクラテスは、自分でしっかりと考えたうえで、最善なものを選ぼうと常に努めていた人物だ。だから、逃げるにしろ、刑に服すにしろ、しっかりと考えたいと言ったんだ」

納得できる選択をしたいという、ソクラテスの気持ちは分かる。

だからといって、死を前にして自分が納得することを優先できるのだろうか。

「友人のクリトンは、自ら逃亡のための金銭を用意しても救い出したいと話し、仲間やソクラテスの残された子どもに対する責任や、周りの者が悲しむという理由から脱獄してくれと説得した。もし、ソクラテスを見捨ててしまったら、自分たちは仲間を助けない非道な人たちだと見られてしまう、と言ってね。それに対してソクラテスは、他の人に対する責任や、他の人によく見られたいからという個人的な理由で、自らが不正を犯してまで、それまで自分たちが善いと考えていた国家の法を破っていいのかと反論する」

死を目の前にしても、たとえそれが理不尽な理由であっても、法を破ってはいけない。何とも厄介なことを言う人だ。

「ソクラテスは、友人クリトンとともに、自分の生き方は善いのかどうかを、死を前にして議論した。最終的に、クリトンはソクラテスの生き方に理解を示し、彼が自ら死を選ぶことに口を挟むのをやめる」

「そんな言い訳なんか聞かずに、周りの人が強制的に連れ出せば良かったのに」

僕がそう言うと、先生は笑った。

「ハハハ、なんとも強引な意見だねぇ。そんなことはできなかったんだろう」

「なぜです?」

「ソクラテスが死ぬ間際まで、自らに誠実に生き、善く生きることに全力で向き合っている姿に、やられちまったに違いない」

やられちまった……。

「理不尽な死を目の前にしても、自分のことを優先しない姿は眩しかったんだろうな。そのソクラテスの生き方にやられちまった一人に、弟子のプラトンがいた。先程話した、裁判の話や牢獄での話を文章に残したのは、このプラトンだ。

プラトンの描くソクラテスは、プラトンが創った側面もあるだろうが、ソクラテスが自らに忠実であり、死を選んだ生き様を見たからこそ、書くことができたとみていい。特に、ソクラテスを処刑にした裁判について書かれた『ソクラテスの弁明』において、ソクラテスが法廷で反論する姿は、実際のソクラテスにもっとも近いものだろう」

人が持っている可能性について考える

「さて、やっと準備は整った。君の爆発しそうなエネルギーを処理していこう」

すっかり忘れていた。

ソクラテスの人生に圧倒されて、小林との喧嘩の愚痴を言いに来たことなんか、すっかり忘れていた。

「えっと……、僕の可能性を開く話をしてくれるんですよね？」

「もちろん。そのことに関係のある授業の話だ」

そう答えると本棚から一冊の本を取り出して言った。

「今から話すのは、君と同じように大きな可能性を持っている学生から、その力を奪ってしまっている社会に警鐘を鳴らした本、『アメリカン・マインドの終焉』を扱ったときの話だ」

一度も聞いたことのない本だ。

「この本を書いたアラン・ブルームという著者は、シカゴ大学を中心に活動した政治哲学者だ。

彼はこの本が出版されるまで無名であったが、出版されるとすぐにベストセラーとなり、全米に名が知れ渡ることになる」

「一冊の本で無名から有名になるなんて、これぞアメリカンドリームってやつですね」

「そうだな」と先生は頷くと、本の表紙に手を置いて、話を続けた。

「このベストセラーになった本は、アメリカの文化と教育の危機を論じた真面目なものだ。本を開けば、プラトン、アリストテレス、マキャベリ、ロック、デカルト、ルソー、ヘーゲル、ニーチェ、ウェーバー、ハイデガー、マルクス、フロイトなど多くの思想家や哲学者の名前を何回も目にすることになり、それが四〇〇ページ以上の分量の大作だ」

「うわぁ……」

難しそうで声を漏らしてしまった。

「こういった本に慣れていない人は、この本を読むのに苦労する。しかし、じっくりと読めば見逃せないことが書かれているから、授業で取り扱った。

著者のブルームはこの本を書くにあたって、先ほど説明したソクラテスを主人公にした、プラトンの著作『国家』を絶えず参照したと述べている。だから、ブルームはソクラテスらの生きた道筋を引き受けながら、この本を書いたとみるのがいい。そのような視点から読めば、どんな議論が起こることになろうとも、鋭い批判をするブルームの決意が見えてくる。

そのようなブルームの肩を借りることができれば、君が立ち向かうべきものも見えてくるはずだ」

授業　ブルーム『アメリカン・マインドの終焉』

アカリとタカヒロの二人が仲良く話しているところに、先生が本を脇に抱え、コーヒーを手にして部屋に入ってきた。すると、アカリはすぐに先生の方を向いて言った。

「ヘーゲル先生、聞いてください。信じられないんです。さっき大学では勉強に集中すべきかどうかと、タカヒロさんと話題になったんです。その時の受け答えが、本当にひどかったんです」

「普通の態度だと思うけどな」タカヒロは平然とした顔で言った。

「どんな風に答えたんだい？」

先生は席に座りながら、アカリの方を向いて質問した。

「私はアルバイトやサークル活動なんかに力を入れず、勉強に集中した方がいいんじゃないかと答えたんです。だって、勉強しなかったら、せっかく親のお金で通わせてもらっているのに、無駄になってしまうじゃないですか。そう答えたら、タカヒロさんが『そういう考え方もあるね、偉いね』なんて、上から目線で言ってきたんですよ。ひどくないですか」

「タカヒロは、なんでそうやって言ったんだ？」

「特に深い意味があって答えたわけじゃないですよ。いやいや、ヘーゲル先生、そうやってジッと僕のことを見て、そんな言い訳じゃ満足しないぞ、って顔しないでくださいよ」

「ハハハ」と先生は笑った。

「もし仮に、アカリちゃんの言った正論に対して『大学では遊び、アルバイトとかをたくさんやった方がいい！』なんていう僕の意見を言っても、仕方がないじゃないですか」

「なんで仕方がないんだ？　タカヒロはそう考えているんだろ」と先生は聞いた。

タカヒロは苦笑いしながら答えた。

「本気でそう思ってますよ。大学生にとって勉強だけが、すべてではないと思っていますから。とはいえ、働いて実感することですが、何百万もの学費を稼ぐのって、本当に大変なんですよ。だから、大学で勉強した方が良いといった正論に対して、僕一人の経験から出た意見を押し付けるのはおかしな話だと思ったんです」

タカヒロの答えを聞いたアカリは、ツンとしながら言った。

「今みたいに答えればいいじゃないですか。それなのに『そういう考えもあるよね』なんて、上から目線で意見を言わなくても良かったのに」

「そうかなぁ〜。いろいろな意見があっての社会だし、多様性だよ。多様性。そもそも、相手の意見に対していちいち自分の意見を言っていたら、社会人なんかやれないよ」

「社会、社会ばっかり。本当のところは、私の話を面倒くさいなと思っただけじゃないんですか?」

アカリの発言を聞いて、先生は「アカリは手厳しいなぁ」と言ったが、タカヒロは言い訳をするように早口で、

「アカリちゃんの意見も、僕の意見も、どちらが正しいというものじゃないと思うんだよね。こういう時はどんな意見を言っても争いしか生まれないじゃない。社会に出て痛感するけど、特に反対の意見を言う場合、先に関係者に話を通さず直接相手に伝えるのは、時間の無駄なことが多いというか、エネルギーの無駄というか……」

「あ、無駄ってことは、やっぱり面倒くさいと思ったんだ」とアカリが拗ねたように言うので、タカヒロは焦って答えた。

「う、それは口が滑っただけというか、なんというか、そうだ、ヘーゲル先生、早く授業に入りましょう」

「ハハハ。タカヒロがそんなことを言うなら授業に入ろうか」

先生が笑いながらそう言うと、持ってきた本を開き、タカヒロの方を見ながら話し始めた。

「とはいえ、今回扱う本は、今のタカヒロのような態度を批判したものだっただろ?」

先生の思いがけない質問に、タカヒロは少し戸惑って答えた。

「え、そんなこと書いてありました? う~ん、実は今回の本は読んでも、内容がまったく

頭に入ってこなかったんですよね」

　アカリも困った顔つきで、「私もそうです。この『アメリカン・マインドの終焉』、ちょっと難しすぎます」と言った。

「あれま、そうだったか」と先生は返した。

　タカヒロはテーブルの上に広げていた本に手を置きながら答えた。

「英語の原文ではなく、翻訳されたものにも目を通したんですが全然分からないんですよ。日本語訳がおかしいから読みにくいってわけではないんです。それなのに著者のブルームが何を言っているのか分からない。著者の意図が見えなくて、読むのがつらいんです。それで読むのを途中で諦めちゃいました」

「私も序論を三ページぐらい読んで、お手上げです。でも、この本ってすっごく売れたんですよね？」

　信じられないとも言いたげな顔で、アカリは先生に質問した。

「よく売れたね。哲学の思想やアメリカの精神史について書かれた難しい本なのに、ベストセラーになった。ニューヨークタイムズのノンフィクション部門で一位を獲得すると、その後も何ヶ月もランクインし続け、ハードカバーで五〇万部以上売れた。一過性の流行で終わることもなく、様々な言語に翻訳され各国で読まれることにもなった」

「信じられないです。こんなに難しいのに売れたなんて」とアカリは言った。

「アメリカでも、当時こういった本が売れるのはめずらしかったみたいだ。これにはアメリカの知識人の層の厚さや、一九八七年という時代も関係するのだろうな」

　先生の話を感心して聞いていたアカリだが、ふと、自分が生まれる十年以上前の本であることに気がついた。

「そもそもの疑問なんですが、こういった古いアメリカの本を読む必要あります？　文学だったら古いものも読みますけど、文学でもない、昔のアメリカ教育についての本ですよね」

「意味があるかどうかはアカリ次第だ、なんて当たり前のことを言ってもつまらないよな」

「はい」

「この授業で取り上げている理由は、西洋の考えが広く広がったこの世界において、西洋人の考え方を理解しておいた方が、何かと良いと考えているからだ」

「西洋人の考え方ですか？」

「そうそう。異なった歴史を経ているため、私たちの常識が通じなかったりするからな」

「それ分かります。自分もアメリカに留学していた時、スーパーで鮮やかな青色のケーキを見て、ギョッとしました」

　タカヒロは嫌そうな顔をして言った。

「あれは見慣れない色だな」と先生は頷くと、「そういった我々と違った文化圏に属する著者ブルームは、その西洋の伝統的な考え方を体現したような人物だ。この本を読めば西洋の知識人がどのように考えているのか見当がつくようになる。しかも、三十年以上前に書かれた本だけれど、内容に目を向ければ古さは感じない。むしろ、この本に書かれたことの延長上に、今のアメリカはあるように私は感じるから、読んでみると面白いんだよ」

「そうはいっても、こんな難しい本を読めそうにないですよ」

アカリが愚痴をこぼすので、先生は二人を見ながら話しかけた。

「かなりぎっちり書かれた本だから、二人とも読むのに苦労するのは理解できる。とはいえ、大学を卒業するときには、こういった本をスラスラ読めるようになるのが望ましいんだがねぇ」

「いやいやいや、先生は目標が高すぎます。こういった本は大学を卒業したって読めないですって」

とタカヒロが手を振りながらあまりにも大きく否定するものだから、先生は悪戯っぽく答えた。

「それは大学で勉強もせず、アルバイトをしていたからじゃないのか、どうだタカヒロ?」

「先生は人が悪いなぁ。そんな過去のことはどうでもいいですって。さっさと本の話に入りましょう。大切なのは今です! 今から読めればいいんです!」

タカヒロの素早い態度の変化に二人は笑った後、先生は授業を進めることにした。

「では、この本に入る前にブルームの経歴について話しておこう。一九三〇年に生まれたブルームは、二五歳の時にシカゴ大学で博士号を取得後、同大学で政治学の講師になる。その後も優秀な学生が集まるイェール大学、コーネル大学、トロント大学で教え、最後にシカゴ大学に教授となって戻り、九二年、六二歳で亡くなるまで在籍していた。

学界ではルソーやプラトンの翻訳者として知られていたが、八七年に『アメリカン・マインドの終焉』が出版されると、いわゆるベストセラー作家となり、富と名声を手に入れることになる。この時ブルームは五六歳だ。

この本において、ブルームは当時のアメリカの大学が抱えていた問題を暴き、世の中に提示した。しかも、その内容は、最近の学生の傾向といった表面的なものだけではなく、古代ギリシャまで遡り、大学のすべての学部、つまり自然科学、人文科学、社会科学についてであった。その簡単に退けることのできないブルームの批判により、アメリカでは賛否両論の議論が活発になる。

「要するに、この本はアメリカの大学を批判した本なんですね」とタカヒロは言ったが、先生は首を横に振って言った。

「話はそう単純ではない。大学の枠を越えて多くのアメリカ人に関わる話だからベストセラーになったと思った方がいい。今日のタカヒロの言動を見ている限り、君も大いに関係がある」

「どこが関係あるんですか？」タカヒロが不思議そうに聞くと、先生はニヤリとしながら、

「『そういった考えもあるよね』とアカリに言ったことだ」と答えた。

「それですか？　う～ん……」

タカヒロは自分の態度が、なぜ関係があるのか分からず首を傾げたので、先生はさらに言葉を続けた。

「タカヒロは、一人ひとり意見があり、正しい答えなどないのだから争わないための態度をとった、と言っていたな」

「そうです、決して面倒くさいと思っていたからじゃないですよ」

アカリはそう答えたタカヒロをじっと見つめた。しかし、タカヒロは目線を先生の方に向け、アカリの視線を無視した。

そんな二人を見ながら、先生はタカヒロに質問した。

「では、タカヒロは大学で勉強せずに、アルバイトやサークル活動をやった方が本当に良いのかどうか、しっかりと考えたことがあるかい？」

「う～ん……。そう聞かれると考えたことはないです」

「なぜ考えたことがないんだろう？」先生は畳み掛けるようにタカヒロに質問した。

「なぜですか、そうですね……、やっぱり特に理由はないですね。だって、そんなことで困ってないから深く考える理由がないですよ」

「困っていないから深く考えていない。それはそうだ。ところが、今回アカリとおしゃべりしていると、その話題になったわけだ」

「はい」

「そのときなぜ考えなかったの？　考えるいい機会だったじゃないか」

「そうかもしれませんが、そういった大学で何をすべきかを考える前に、相手の意見を尊重して、何も言わない方がいいと思ったんですよ」

「つまり、タカヒロはアカリの意見を尊重するという道徳的な判断によって、大学で何をすればいいのかを検討することを放棄してしまったというわけだ。どうだい？」

「う……、そう言われると反論したくなりますが……。でも、アカリちゃんに言われたときは、深くは考えなかったのは事実です」

「この本でブルームが批判したのは、タカヒロが示したような道徳的な態度、つまり相手に対して寛大であろうとする態度だ。それによって理性を働かせない状況を生み出してしまっていることを批判した」

「へぇ〜」とアカリは相槌を打った。

「アメリカで寛大さが優先されるようになった背景には、歴史的な経緯が深く関係している。六〇年代のアメリカでは、公民権運動、ベトナム戦争、大学紛争といったことが原因で、国内は混乱していた。それに対応するために、大学でも、理性的な議論や考察よりも、相手に対して寛大な態度であろうとする道徳的な態度を優先するようになったと、ブルームは考えた。このようなアメリカの大学の状況に対し、『大学はものごとを考える場所ではないのか』、

『理性的な態度が失われているが、それでいいのだろうか』とブルームは批判し、世の中に問いかけた」

「う〜ん、つまり当時のアメリカは、大学でも日常生活でも、僕のように考えを放棄しているってことですよね？」

タカヒロは確認を取るかのように先生に質問した。

「そうなるな。だから、この本の話は大学の枠組みを越えて、大勢の人に関わりのある話だってことだ」

「でも、争いがないことは大切だと思うんですよ」とタカヒロが言うと、

「そりゃそうだ」と先生は答えた。

「それなのに、反論して争いになったとしても、相手に言った方がいいってことですか？」

タカヒロは不満そうに言った。

「そもそも反対意見を言ったから争いになるわけではないだろ。場合によっては、お互いの理解が深まる場合だってあるはずだ」

「そりゃ、そうかもしれませんけど……」

タカヒロは自分の言ったことを振り返るために、椅子に深く座り直した。

「ブルームが言いたかったのは、**道徳的な態度が、自分の中にある何かを知りたいという欲求、つまり自分を動かす無限の源泉に蓋をしてしまっている**ってことだ。教育者であるブル

ームは、この状況を打ち破ることが目的だった」

「え、そうすると、自分は何か大切なものを閉ざそうとしているってことですか⁉」

「ここに来ている時点で、その源泉は十分動いていると見ていい。しかし、アカリに対する態度を見ていると、いつその力が止まってもおかしくないな」

「ちょっと怖いことを言わないでくださいよ。どうすればいいんですか？」

「では、休憩を一度挟んでから、ブルームが何を伝えようとしたかを見ていこう」

先生がキッチンでコーヒーのおかわりを淹れ終えて部屋に戻ろうとしたとき、扉越しに二人の雑談をしている声が聞こえてきた。二人の楽しそうな声を聞いて先生は一瞬微笑むと、扉を開けて部屋に入った。

◇
◇
◇

休憩が終わり、本文に入る前に、先生はこの本について一言コメントを付け加えた。

「この本では、ブルームが教授になった六〇年頃の学生と、八〇年代後半に書かれた当時の学生が対比されて描かれている。

ブルームは、六〇年代の学生たちには『何かを求める精神の憧れ』を激しく感じたが、この本が出版された当時の学生たちには、その欲求が閉ざされつつあると感じた。これが今から読むところの大枠だが、このままでは分かりにくいだろうから、詳しく中身を読んでいこう」

そう説明した先生は、二人に今から読むページを指定した。

「今から読むところは、序論の後に続く章だ。ブルームはこの冒頭において、アメリカ人の新入生はヨーロッパの学生と比べて何も知らない、真っさらなノートのようだと感じていたと述べている」

「真っさらってことは、何も勉強もせずに大学に入ってきたってことですか？」とタカヒロは聞いた。

「どうもそのようだ。アメリカの学生と違い、ヨーロッパの学生は一八歳になるまでに、家庭や学校でデカルトやパスカルといった古典を学び、古くから引き継がれてきた文化を身につけていた。それに比べ、アメリカの学生は有名な著作を開いたこともなく、まるで『自然の未開児』のようであったからだ」

「つまり、ブルームは、アメリカの学生が勉強していないことを非難しているんですか？」

今度はアカリが質問した。

「そうではない。むしろ何も学んでいないアメリカの学生の方が魅力的だと考えていたようだ。その理由について書いてあるところから、読み始めよう」
先生はアカリに該当箇所を読むように促した。

だが、私にとって、そして学生たちをよく見ている多くの人々にとって、これがアメリカの学生がもつ魅力の大きな部分を成していた。かなりの頻度で、生まれながら人間に具わっている好奇心や知識欲が、突如として成熟した大人の思想の最初の芽生えとなって姿を現わすようであった。伝統に縛られることも伝統に促されることもなく、社会からの賞罰もなく、知ったかぶりや排他主義に陥ることもなく、一部のアメリカ人は自分の内に意義深い自覚への無限の渇望があり、自分の魂にはその存在すら気づかぬまま満たされることを求めている空白の領域がある、ということを発見した。

(『アメリカン・マインドの終焉』)

「アメリカの学生は、伝統に縛られることなく、知らないことを素直に認めて学ぶ姿勢を持っていた。彼らは生まれながらの好奇心と知識欲を発揮し、『この学生はこんなことを考えていたのか』といった教師を惹きつける思想の片鱗を見せていた」
先生の話を受けて、タカヒロは感想を述べた。
「大学生だった頃、塾の講師をしていると、いきなり成績がメキメキと上がる子がいたので、ブルームの言っていることは理解できますね。何がきっかけか分からないのですが、成績がぐっと上がるんですよ」

「へぇ〜、そういうことってあるんだ」

アカリは驚き、先生もタカヒロの意見に「そうだな」と同意してから、説明を続けた。

「ブルームは、そのような学生が『自分の内に意義深い自覚への無限の渇望』を持っており、『魂にはその存在すら気づかぬまま満たされることを求めている空白の領域』があると表現している」

アカリは話がよく分からなかったので、先生に質問した。

「これってどういうことです？　空白ってなんですか？」

先生は「この箇所はブルームの説明不足なところがあるから、補足しておこう」と言って、さらなる解説を始めた。

「ブルームが指摘する空白は、個人の中に生まれた、まだ自分が知らない部分があることを指している」

「それって、ソクラテスの無知の知みたいなものですか？」とタカヒロが質問した。

「そうだ。ただし、ソクラテスと学生の場合で大きな違いがある。それは自分が知らないことに自覚的であったかどうかだ」

「自覚的ですか？」

「学生は、自分で知らないことがあることを分かっていない。一方のソクラテスは、自分に知らないことがある、と自覚している」

「そうですね」とタカヒロは頷いた。

「だから、ソクラテスの無知の知とは違い、ここでは本人が無知の知を自覚しているかどうか関係なしに、全てひっくるめて『空白の領域』とブルームは表現したわけだ。そのようなブルームの理解から、特に知らないことが多いアメリカ人の学生を見て、何でも書きこむことのできる可能性に満ちた存在として『真っさらなノート』と表したんだろうね」

「あ〜、そういうことですか」とタカヒロは言った。

「では、アメリカ人と対比されたヨーロッパの人について、続く文章で説明しているから、それを読んでみよう。


私の教えたヨーロッパの学生はいつもルソーやカントについて何でも知っていた。しかし、そのような思想家たちの考えは子供の頃から彼らの頭に詰め込まれていたものであって、戦後の新しい世界において、その思想はまったく型に嵌まったものとなってしまい、子供が履く半ズボンと同じように、もはや彼らの精神を鼓吹するものではなくなっていた。それで、これらの学生たちは新奇なものや実験的なものを乳飲み子のように追い求めるようになった。

（『アメリカン・マインドの終焉』）

ヨーロッパの学生は、子どもの頃からルソーやカントといった思想家を学んでいた。しかし、そういった知識は第二次世界大戦という悲惨な出来事の後では、すでに着られなくなった子ども服のように、肌に合わないものと感じていた。そのため、奇抜なものや実験的なものに心惹かれていった」

タカヒロは自分の理解が正しいかどうか聞いた。

「つまり、ヨーロッパの学生は、メールやメッセージではなくて、手書きの手紙を書くやり方をしっかりと教えられたけど、ダサいと感じていた、みたいなことですかね?」

この質問に先生は「そういうことだ」と頷いて肯定した。

「しかし、続く文章で、アメリカの学生にとって古典は、ヨーロッパの学生と違って反発するものではなく、価値あるものであったと述べる。タカヒロの言葉を借りるなら、アメリカの学生は手書きの手紙に価値を見出したということだ。

> だが、アメリカ人の学生にとって、優れた著作家の著作は外部世界を見いだせる陽《ひ》に照り映える高台となり得た。それこそは真正な解放であり、このエッセイが求めて訴えているものである。これらアメリカの学生にとって、古いものは新しいものであった。そして、その点で彼らは正しかった。と言うのは、往古から伝えられてきた貴重な洞察はいずれも永遠に新鮮さを失わないからである。
>
> (『アメリカン・マインドの終焉』)

しかも、アメリカ人の学生にとって、優れた古典は狭い価値観に囚われず、新しい視点や可能性を発見できる高台であり、そのような解放こそ、この本が書かれた理由でもあった

「つまり、ブルームは優れた古典を読めと言っているんですか？」

アカリが質問すると、「そう焦らず、もう少し先を読み進めよう」と先生は言った。

「六〇年代の初めまで、ブルームは学生に古典を読ませれば、学生の空白が自然と満たされていくと考えていた。しかし、その後の世代は、単純に書物を読めばいいと言えなくなったとブルームは話す」

「昔はよかったのに、なぜダメになったんですか？」とアカリは聞いた。

「それは時代変化に伴って、大学の教育方針が大きく変わってしまったことが要因だと、ブルームは述べている。では、この時期のアメリカの状況を説明しよう。

一九五五年　モンゴメリー・バス・ボイコット（公民権運動）
　　同年　ブルームがシカゴ大学で講師となる
一九六三年　ワシントン大行進（公民権運動の最高潮）
一九六四年　トンキン湾事件（アメリカがベトナムへ本格的に介入）
一九六五年　米軍が北爆を開始する
一九六八年　北爆を全面的に停止する

五〇年代中頃、アメリカではアフリカ系アメリカ人、いわゆる黒人と呼ばれる人々によって、人種差別の撤廃と公民権の適用を求めた公民権運動が高まりを見せた。当時、アメリカ南部では公共交通機関のバスで白人優先席が設けられ、飲食店では白人席と黒人や有色人種のテーブルを分けている店も数多くあったんだ」

「え、そんな差別が実際にあったんですか⁉」アカリは驚いて声を上げた。

「今では想像しにくいかもしれないが、当時はこうした隔離政策が公然とおこなわれていた。たとえば、市営バスに座っていた黒人女性が、あとから乗ってきた白人に席を譲らなかったことで警察に逮捕される事件がおきている。これはモンゴメリー・バス・ボイコット事件と呼ばれる有名な出来事だ」

「ウソ⁉　そんな事件があったなんて、全然知りませんでした」とアカリは言った。

「この人種差別に対して、大勢の人がバスに乗るのをボイコットする抗議活動をおこなった。最終的にこの人種差別は連邦最高裁判所の判断で違憲判決が下されることになる。このような人種差別に対する抗議活動は一時的なものではなく、全米でおこなわれ、黒人たちは少しずつ権利を取り戻していった。こういった公民権運動は、六三年のワシントン大行進で最高潮に達したと言われている」

その話を聞いたタカヒロが思い出を語った。

「その時にキング牧師が演説した『私には夢がある』は有名ですね。留学中に、その講演をしたリンカーン記念堂に行ったことがありますけど、いい場所でしたよ」

先生は「その演説は、その後も大きな力となったな」とコメントをして話を続けた。

「しかし、ワシントン大行進の翌年、六四年からアメリカは本格的にベトナム戦争に突入する。この戦争は、開戦直後こそ国民に支持されていたものの、アメリカ軍の派兵が増加し、犠牲者の数が増えるにつれて、反戦運動が各地でおこなわれるようになった。

大学では、六〇年代中頃には、それまで続けられてきた公民権運動と新たに力を持った反戦運動が合流し、多くの人を巻き込む激しい学生運動へと発展していく。たとえば、カリフォルニア大学のバークレー校では、一部の学生や教員がキャンパス内での政治活動の制限撤廃を求め、長時間大学を占拠したことで、警察に逮捕される事件が起きている。また、七〇年に起きた、ベトナム戦争がカンボジアにまで拡大したことに対する大規模な学生デモでは、四百万人以上が参加したと言われている。この時期の大学は荒れに荒れた。

このような運動の結果、大学はそれまで大学が目指していた真理を探すような価値観を捨て、学生たちの社会運動に譲歩するようになったとブルームは話す。しかし、この譲歩は学問の基盤である何かを知りたいという力を刈り取ってしまった」

タカヒロは眉をひそめて先生に質問した。

「歴史の流れは分かりましたけど、結局、話がよく分からなかったです。どうして八〇年代の学生は、古典を読むだけですまなくなったんですか?」

「それは、学生運動の結果、何かを知ろうとするよりも、寛大であろうとする道徳的価値観をアメリカの教育方針に据えたことが原因だとブルームは考えた」

「ここで寛大の話が出てくるんですか」とタカヒロは腕を組んで言った。

先生は「そういうことだ。それではその新しい教育方針が生まれた背景を見ておこう」と言って話を続けた。

「アメリカでは、人種差別や戦争から学んだ教訓があった。それは、当時は正しいと考えられていたことが、後から見ると間違っていることがあるということだ。

この教訓から一部の教育関係者は、世の中には絶対正しいものなどない、すべての価値は相対的である、と考えるようになった。その結果、正しいことや真理を探究するよりも、寛大さを中心に据えた相対主義や、平等を重んじる教育方針に変わっていった。時代に合わせて教育方針が変わったわけだ。しかし、ブルームはこのことが、大学において大きな問題を引き起こしていると考えた」

「う〜ん、それのどこが問題なんですか? 一つの考えに拘《こだわ》るよりも、そうやって多様な価値観を認める方が、よりいっそう考えは深まると思いますし、むしろいいことのように思うんですけど」とタカヒロが質問した。

「たしかに、そういった側面はある。しかし、実際のところ、この寛大さを求める教育は、タカヒロがアカリに『そういう考えもあるよね』と言ったような状況を引き起こしてしまった。つまり、本当の意味で相対的に考えることをせず、他のものごとに無関心になってしまった。多様な価値を認めず、考えも深まらない。そんな状態では古典から何も引き出せない」

「僕の態度は争いはなくなるけど、無関心になっているってことですか？」

タカヒロは眉間にしわを寄せて聞くと「そういうことだ」と先生は答え、「そして、その態度を取り続けていると、タカヒロの中にある何かを知りたいという欲求に蓋をすることにもなる」と先生は付け加えた。

タカヒロは先生の言葉を聞いて、深く考え込んだ。

先生は次第に眉間のしわが深くなるタカヒロを見つめながら、話をまとめた。

「もちろんブルームの話題にしている当時の大学と、現在の大学もまた大きく違うものになっている。だからブルームの話が当てはまらない部分もある。しかし、彼の指摘は時代とは関係なく大切な話でもあるから、それについては休憩をはさんで、もう一度話をしておこう」

◇　◇　◇

休憩時間になると、タカヒロは「う～ん、無関心ってまずいんですよ」とポツリと言って、話し始めた。

「僕が好きな経営学者であるドラッカーの自伝を読んだとき、僕は無関心な人間になるのはやめようと誓ったんです」

「どんな体験なんですか？」とアカリは聞いた。

「彼はドイツ生まれのユダヤ人だったんだけど、大学で助手となり数年後、彼が二三歳のとき、ヒトラーが政権を取るんだ。そうすると間もなく勤め先の大学にナチ党員がやってきて、教員を集めると、ユダヤ人は大学から出ていけと、演説したことがあるんだ」

「へぇ〜」

「その演説を聞いた教員たちは、何も言わず黙り込んでいた。だけど、その中で唯一沈黙を破った同僚は『私のところの研究費はいただけるのですか？』って、自分のことしか考えていない発言をしたんだよね」

「ヒドイ」

「しかも、その集会が終わると、今まで友人だと思っていた教員たちは、ドラッカーや同僚のユダヤ人たちを避けるように部屋から出ていったというんだ。この話を読んだとき、無関心の行き着く先は人としてまずい、と強く記憶に残ってるからなぁ。ヘーゲル先生、もしかして、僕の態度ってそういう方向性ですかね？」

先生は何も言わず、タカヒロの方を向いてニコリとした。

◇◇◇

アカリは、休憩の間に疑問に感じたことを先生に訊ねた。

「ヘーゲル先生、この本って、昔はよかった系の話なんでしょうか？」

「そういう本ではないよ。ブルームはそれぞれの時代には違った問題があることを認めている。六〇年代には六〇年代の問題があり、本が出版された当時には当時の問題があった。当時の大学における教育問題を報告したというだけだ」

「でも、ブルームの話ってちょっとイラッとするんです。すごく自分を否定されているというか」

「ブルームには、わざとイラッとさせる意図があったんだろう」

「え、なんでそんなことするんですか？」とアカリは驚いた。

「イラッとさせられれば、無関心でいられないだろ？」

「そうですけど……、私はそんな本は閉じたくなります」

そう言ってアカリはパタリと本を閉じた。

「ハハハ。アカリはイラッとして、読むのをやめたくなるかもしれないが、こういった書き方は欧米の知識人における文体の一つなんだ。このブルームの本が出版されたことで様々な議論がされたことを見ると、ブルームの書き方は、当時の欧米人には効果的な書き方だったんだろうね」

先生の説明を聞きながら、アカリの眉はハの字になっていった。

「これは『なぜこのような古いアメリカの本を読むのか』という、アカリが最初に聞いた疑問に対しての答えでもある。欧米と私たちの違い、あるいはインテリの書き方を知って欲しかったからだ。多少イラッとしても、こういった書き方をする人たちなんだと知っていれば、冷静になって一時の感情に振り回されず、海外の本も読みやすくなるだろ?」

「たしかに、そうですね」とアカリは答え、閉じた本を開き直した。

先生は「それでは話の続きをしよう」と言って、話を再開した。

「ブルームは、学生に自分の中に深い空白があることを、つまり自分には知らないことがあることを気づかせようとしていた。では、なぜそのようなことをしたのか。それは、ソクラテスがどのように他の人と対話をしたのかを考えれば良い」

先生はそう言うと、タカヒロの方を向いて言った。

「そうだな、タカヒロにとって、いい仕事とはなんだろう?」

「いきなり、ふわっとした質問ですね。相手を喜ばせることじゃないでしょうか」

「たしかに、相手を喜ばせるから、その対価としてお金をもらうことができる。では、もう少し頑張れば商品の質が上がるけど、そのまま改良せずとも相手が喜ぶ商品を売ったとき、それはいい仕事といえるのだろうか？」

「う……、ぎりぎりですが、いい仕事ですね。質を気にしているのは自分の方ですから」

タカヒロの答えを聞いて、アカリは眉をひそめた。

「では、相手が喜ぶからと言って、麻薬を売ることはいい仕事になるのだろうか？」

「そりゃ、ダメな仕事ですよ。社会の秩序が乱れますし、そもそも犯罪ですから」

「ということは、いい仕事とは、社会のためになって、しかも犯罪ではないものとなるのかな？」

「それならしっくり来ます」

「では、ここでブルームが取り上げた例で質問しよう。

もし君が、インド在住のイギリス行政官であったら、管轄している現地の人の要望に応じて、亡くなった夫の葬儀に、まだ生きている妻を一緒に焼くことを許したであろうか？

（『アメリカン・マインドの終焉』）

インドの一部の文化では、妻よりも夫が先に亡くなると、その火葬の焚き火に妻自ら身を投じるサティーという風習があった。この風習は西暦五百年頃から始まり、インドでは最高の美徳の一つとして考えられていた。さて、もしタカヒロがインドを植民地にしていたイギリスの執政官の立場だったらどうする？　これは古くから続く、その社会では大切にされていた価値観であり、当時は犯罪でもなかった。これを認めることがいい仕事だろうか？」

「……いけないと思います、でも……、いろいろなことが絡まって、簡単に答えられませんよ。こんなこと簡単に結論なんか出せません」

「そう、結論なんか出ない。しかし逆に見れば、結論がないからこそ考え続ける原動力になる。これがソクラテスのやっていた対話法だ」

「考え続ける原動力ですか……」タカヒロは先生の言葉を小さな声で繰り返した。

「ヘーゲル風に言うなら、相手の思考を呼び覚ますために、相手の当たり前だと思っている考えに疑いを抱かせる対話法となる。**人というのは、自分の信念がぐらつけば、自分で真実は何かと考えずにはいられなくなるものだ。**逆に、何事にも無関心でいると、考えるきっかけすら失い、その人の源泉に蓋をすることになる」

タカヒロは黙って先生の話を聞いている。

「ソクラテスの場合、善く生きることについて考え続けた。自分一人だけでなく、友人、その社会、国家まで視野に入れたうえで、ともに善く生きることを探し続けた」

先生がそう言ったとき、タカヒロはハッとした。

「あ、そうか。『そういった考えもあるよね』と受け流した態度は、もしかして、アカリちゃんと話していて見えてきた疑問に蓋をしたということですか?」

「そうなるだろう」

「あぁ、なんだか自分の態度に問題があったことが見えてきました。相手に無関心になることは、自分が知らないことがあることを、無視することでもあるんですね。……とはいっても、この問題に気がついたとしても、どこから手を付ければいいか分からないですよ」

「ソクラテスのようにいろいろな人と対話をするのも手だろう。あるいは、ブルームが勧めるように、優れた著作を読んでみるのもいい」

「そこで優れた著作を読めという話になるんですね」

タカヒロは背もたれに体重をかけて言った。するとアカリは欲を出して質問した。

「じゃあ、私が読んでおいた方がいい著作がありますか?」

「そういった都合のいいものはないぞ。ブルームもね、若い時は学生の可能性を強引に引き出そうとしたが、後には、古典を読む習慣を提供するくらいしかできないと、謙虚に認めているくらいだ」

「ちょっとでも楽ができればいいと思ったのになぁ」

「ハハハ。いろいろな本を読み、様々なものを鑑賞し、体を動かし、心で感じ考えろってことだ」

「やっぱヘーゲル先生に楽をする方法を聞いたのが間違いでした」とアカリはうなだれた。

授業解説

当たり前を疑う怖さ

「自分の知らないことが、自分を動かす力になるというのは分かりました。そして、その『自分の知らないこと』は、自分が当たり前だと思っている前提に目を向けると見えてくる、ってことですよね?」

「そういうことだね」

「でも……」

「でも?」

「僕たちが喧嘩になったのは、小林が当たり前に思っている『お金のために仕事をすること』や『相手に勝つことがいい』といったことに、僕が口を出したからですよね? つまり、他の人の当たり前を疑うんじゃなくて、自分を疑えってことですよね?」

冷静に考えれば、相手の当たり前に思っていることを批判したら言い争いになってしまうものだ。それこそ大切な価値観でもあるんだから。こんなことを続ければ、ソクラテスみたいに恨まれて殺されてしまう。

僕がそんな事を考えていると、先生は、

「喧嘩をしたのは君が相手に無関心だったからだろ」とさらりとひどいことを言った。

そして、「自分のこととして、まずは君の当たり前に思っている前提に目を向けなきゃ。小林くんの当たり前に口を出すのはまったく別のことだ」と本題をずばりと言ってきた。

「え、無関心？　僕の当たり前？　前提？」

僕は混乱して、先生の言葉を繰り返してしまった。

「最初に君が向かい合わないといけないのは、好きなことを仕事にした方がいいという君の考えだ」

「……？」

先生が何を言っているのか理解できなかった。

「君はなんで、好きなことを仕事にした方がいいって、小林くんに言ったんだい？」

「それは、好きなことを仕事にした方が楽しいからですよ」

「では、君は好きな仕事をしているのかい？」

そう言われて、僕は言葉を失った。

いま僕は好きな仕事をしているのか？

「……していないです」

「どうしてしないんだ？」

どうしてしない？

「それは……」

僕は言葉に詰まってしまった。

先生はそんな僕の姿を見て言った。

「その答えにくいものと向かい合わないと、君の答えは出ない。それに向き合わずに避けているのなら、友人が言ったように、君は無責任だと言わざるをえない」

言葉が出なかった。

「君が当たり前に思っていることを壊して、再構成しなければ、先に進むことはできないぞ」

その先にあるのは「大きな空白」

先生は僕が黙っていても、お構いなしに話を続けた。

「君が向き合った先にあるものは、まだ君に開かれていない大きな空白。これまで生きてきた人たちが埋めてきたが、それでも、まだまだ埋まることのない大きな空白だ。この空白に目を向けるとき、想像もしていない喜びと同時に、壊れ傷つくこともある」

先生はそう言うと僕の方をじっと見て、

「相手に無関心な態度は、そうした君自身の空白から目を背けている」

いつにもまして真剣な表情で厳しいことを言った後、先生は黙り込んだ。

先生は何を言いたいのだろうか。

好きなことを仕事にしていない現状が、間違っているとでも言うのか。口では「好きなことを仕事にした方がいい」と言いながら、自分自身にはその言葉をあてはめていないことが無責任だと言っているのだろうか。

しかし、これより先に考えを進めたら、今まで積み上げてきた自分の生き方を、すべて否定することになる予感がした。そんなことをしたら、自分が自分でなくなる気がする。

それでも、今の現状からどこか一歩先に踏み出さないと、自分の道が開かないのは、感覚として分かっている。

僕は絞り出すように言った。

「……怖いです」

「自分を知るのは誰だって怖い。自分に関心を向けるのも、自分を大切にするのも怖いことだ」

あれ、そんな話をしていたんだっけ？

そう言われて考え直すと、今まで僕が考えていたことは、自分をもっと知ろうとしていたことだと気がついた。

そのことを意識して、自分のことを振り返ると、何か見えてきそうな気がした。

これまでの自分の人生を思い返す。中高時代にクラスの主役になることはなかったし、大学に入るのだって大変だった。学校の定期テストや入学試験も、十分とは言えないまでも、努力して乗り越えてきた。大学では少しサボることもあったけど……。

就職のときは何社も落ちて、今の会社にやっと入った。

最近は本を読む時間をなんとか確保して読んでいる。

僕なりに一生懸命やってきたつもりだ。

その結果、手に入れたのは、それなりの年収、社会的な地位であったり、他の人から蔑まれないような体裁《ていさい》だったかもしれない。こういったものは、先生から見たらちっぽけなものかもしれないけど……。

そういったことに目を向けろと先生は言っているのだろうか。

でも、そういった今まで積み上げてきたものを疑ってしまったら、それまでの自分が価値あると考えていたものが、すべて色あせてしまう気がする。

だからこそ、好きなことを仕事にしていないのは、単に自分を守るためだったのかもしれない。

もしそれを選んで、それがダメだったら？

努力してもダメだったら？

そのとき、自分のことをどう思えばいいんだろう。

「……」

黙っている僕を、先生は何も言わずに見ている。

あのときと同じだ。

昔友達に嘘をついて傷つけたとき、それを強がって自慢げに話をしたときと同じだ。

先生は僕を諭すように話したあと、僕が自分でどうすればいいのかを自分で考えるまで、じっと黙って僕のことを見ていた。

あのときと同じ目をしている。

「……分かりました。自分で考える時間をください。こんなことはすぐに答えは出ないです」

「そうか、分かった」

先生はそう言うと、コーヒーを一口飲んだ。

ごまかさないで考える

僕は気を取り直して、先生に聞いた。

「そういえば、先生はタカヒロさんの『そういう考えもあるよね』といった態度に、時間をかけていましたね」

「ああ、そうだな。もちろん社会に出れば、タカヒロのような態度を身につける必要がある。もしそうでないならば、人間関係でいざこざは絶えないだろうし、日常的なストレスで心が病んでしまうかもしれない。しかしね、この授業の場で自分をごまかすのはご法度だ」

「あれがごまかしなんですか?」

「そりゃそうだ。だって自分のことを棚上げして発言しているじゃないか」

「棚上げですか?」

僕がそう聞くと、先生は言った。

「考える時に自分自身を含めずに考えてしまっている態度だ。こういった態度は誰でも陥りやすいもので、歴史上の有名人だって、自分を棚上げしてしまうことがある。そういった視点でみれば、レオナルド・ダ・ヴィンチもまずかったね。前に少し話したことがあるだろ?」

僕は頷いた。

「彼の作品の一つに『最後の晩餐』がある。処刑前夜にイエス・キリストが十二人の弟子と一緒に食事をしている場面を描いた絵画だ。あの絵をちゃんと見たことある?」

「前にちょっと話してくれたので、家に帰ってからネットで調べて見ましたよ」

「なら、その中にユダという人物が描かれていただろ。このユダというのは、キリストを銀貨三〇枚で裏切り、処刑に追いやったと言われている人物だ。このユダを描くのに、ダ・ヴィンチはかなり苦心したそうだ」

先生はそう言って本棚から画集を取り出し、僕に見せた。

「ダ・ヴィンチが描いたユダの姿を見てみろ。こんなに貶《おとし》めて描く理由はないはずだ。それをまた、お金を握りしめた卑しい姿で」

「人物の描き方を見るんですか⁉」

そんな風に絵を見たことはなかったし、ネットで誰もそんなふうに説明をしている人はいなかった。

「絵は読むものだ。対話する相手だと言ってもいい」

「絵を見るっていうのは、良し悪しや、きれいかどうか、好きか嫌いかといったことを見るものではないんですか？」

「そういった見方もあるが、著者とおしゃべりするように、画家がどのように感じ考えて描いたのか、おしゃべりしたっていい。本を書いているのは著者であり、絵を描いているのは絵描きなんだから」

聞いたこともない絵の鑑賞法だった。

僕が唖然としていると先生は言った。

「いい機会だから、ダ・ヴィンチとおしゃべりをしてみようか。君はダ・ヴィンチが描いたユダについて思うことはないかい？」

レオナルド・ダ・ヴィンチ『最後の晩餐』

「思うことですか……、ユダはキリストをお金のために売った、悪いことをやった人なんですよね？」

「それはどうだろうか、聖書を読むと、ユダは自分の行為を悔いて自殺をしている」

そう言うと、先生は聖書を取り出して読んでくれた。

そのころ、イエスを裏切ったユダは、イエスに有罪の判決が下ったのを知って後悔し、銀貨三〇枚を祭司長たちや長老たちに返そうとして、「わたしは罪のない人の血を売り渡し、罪を犯しました」と言った。しかし彼らは、「我々の知ったことではない。お前の問題だ」と言った。そこで、ユダは銀貨を神殿に投げ込んで立ち去り、首をつって死んだ。

（『新約聖書』）

この話を聞いて、僕は答えた。

「それでも、ユダが裏切った場面を描くなら、悪そうに描いたほうがいいじゃないですか？」

「なんでだい？」

「ユダが裏切った場面が分かりやすくなるからです」

「つまり、ダ・ヴィンチは自分の表現のために、ユダを利用したわけだ」

先生はそう言うと、僕の目をじっと見て言った。

「君は悪いことをした人なら、どんなことをされてもいいと思っているのかい？」

「どんなことをしてもいいとは言いませんが、悪いことをしたのなら、それなりの罰は必要だと思います」

そうしないと社会がおかしなことになってしまうじゃないか。

「では、君が悪いことをしたら、どんなことをされてもいいのか?」

僕は言葉に詰まり、しばらく考え込んだ後、答えた。

「う……、もし僕が悪いことをやったなら、それは仕方ないと思いますよ」

「では、悪いことをしたが、君は非常に反省したというのに、どんなことをされてもいいのだろうか?」

自分が反省した姿を思い浮かべると、最初に答えたことは、どんどんぐらついてきた。僕は言葉を絞るように言った。

「そう言われると、反省した分は何かしら考慮してもらいたいですね……」

先生は畳みかけるように言った。

「ということは、君はダ・ヴィンチのユダを評価するときに、自分のことを棚上げして話していたわけだ。それはダ・ヴィンチにも同じことが言える」

「そうなのかもしれないですけど……」

「みずから自分を罰した者を他人がさらに罰する必要はないんだよ。そういった行為は自分を棚上げした行為でしかないんだぞ」

絵を描くときに、自分のことを棚上げせずに描くことなどできるのだろうか。

僕が疑問に思っていると、先生は別の画集を取り出して、

「たとえば、自分自身を正面から捉えて描いた画家として、アルブレヒト・デューラーがいる。彼はダ・ヴィンチと同時代に活躍した人物だ。デューラーは西洋史上初めて正面から自画像を描き、自分自身を主題として描いた。その彼が描いた自画像を見れば、自分を見るとはどういったことか見当がつく」と説明しながら、デューラーの自画像が描かれたページを開き、僕に手渡してくれた。

その自画像は、まっすぐに正面を向き、全ての物事を深く捉えようとする強い眼差しをしている。僕はその絵に圧倒されてしまった。

◇
◇
◇

帰り際に、「ブルームのように争いを生むようなことをしたら、社会がおかしくなってしまうじゃないですか」と聞いたら、「ソクラテスのように裁判にかけられ死刑になるかもしれないな」という物騒な返事が返ってきた。

驚いていると、「自らの命を賭けて社会に問うたソクラテスのことを思いながら、ブルームは

文章を書いたのだろう。争いを生んでも、健全な議論がおこることを願って書いたと見ていい。ブルームは腹をくくって、本で世に問いかけたわけだ」と言う。

「なぜそんなことができるんでしょうか。ブルームにメリットなんかないと思うんですけど」

僕の質問を聞くと、先生は少し考えた後、僕の方をじっと見ながら、

「目の前にいる生徒と本気で向き合っていたからじゃないか。目の前の生徒の可能性が閉じている現状を本気で何とかしようとしたのだろう」と答えてくれた。

ヘーゲル先生の教え

心の中の空白は、自分を動かす無限の源泉になる

先生のところから帰りの電車に乗っているとき、いつもは小林にメッセージを送るのが習慣になっていたが、今日は気が進まず送るのをやめた。

先生に言われたことが頭の中で何度も蘇って、送る気にもなれなかったからだ。

僕はなぜ自分のことを棚上げして、好きなことを仕事にした方がいいと小林に言ったのだろうか。なぜ自分の考えと行動が一致していないことを、小林に勧めてしまったのだろうか。

先生はなぜ、あれほど僕にとって答えにくい質問をしてきたんだろうか。

今日はいつもよりも電車の照明も暗いように感じた。

僕は「先生は僕に今の仕事をやめさせたいのだろうか」と電車の中でつぶやいてみた。

口に出してみると、先生がそんな回りくどいことをする人じゃないのは、明らかであった。

もしそう考えているなら、直接言ってくる。

「ほかの職種に挑戦する時期じゃないか」といったように。

先生がきついことを言ってくることが昔にもあった。しかし、それは僕が何もやらず、サボっているときに限っていた。

僕がどんなに失敗しても、間違ったことをやっても、もがき苦しんでいるかぎり、笑って見守ってくれていた。たぶん、僕はいま何もしてないんだろう。

じゃあ、どうやって自分の当たり前に思っていることを壊して、自分と向き合えばいいのだろうか。

5章

新しい一歩は、自分に向き合うことからはじまる

一人で、考えて、考えて、考えても、何一つ進展がなかった。

同じところをぐるぐると巡っているようだった。

むしろ後戻りした気さえする。

だから、ヘーゲル先生と会って十日も経たないうちに書斎に駆け込んで、僕は言った。

当たり前のことさえ、考え抜いて生きた人

「先生やっぱりヒントを下さい！」

「あれ、自分で考えるんじゃなかったのか」

「自分で考えます、でも、ヒントをもらってもいいはずです。自分で考えるのと、一人で考えるのは違うんです！」

先生は笑った。

「以前、ここに来ていた先輩が『どんなことでもいいから、まずは質問しろ』ってアドバイスをしてくれたのを、完全に忘れてました。あの先輩は質問せずに自分一人で考えたら、二年も遠回りしたって、苦い顔して僕に言ったんですから。僕も危うく、同じになるとこでした！」

「ハハハ」

「だから、ヒントを下さい！」

「分かった、分かった」

先生は手を振りながら言った。

「あれから仕事も、何もかも手につかないんですよ！」

「ハハハハハ」先生は嬉しそうに笑った。

「本当に笑い事じゃないですよ、たしかに、先生の言うとおり、自分の当たり前に思っていたことを疑うと、どうしたって考えることはやめられない。でも、結論が出ず、同じようなことをぐるぐると考えるだけでした。どうすりゃいいんですか！」

僕がそうやって先生を問い詰めると、先生は当たり前のように答えた。

「そういったときは、現実との関わりの中で、著者とおしゃべりしろって言っただろ」

でも、今日の僕はそんな答えでは引き下がれない。

「今日は騙されません。僕はいま、本当に困ってるんです。そんな漢方薬みたいにゆっくり効くような方法じゃなくて、すぐに結果が出るような、劇薬が欲しいんです！」

「そうやって、すぐに結果を欲しがるのは君の悪い癖だぞ」

「悪くたっていいじゃないですか、下さい」

僕がそう言うと、先生は笑った。

「ハハハ、降参だ。そうだなぁ……」

先生はちょっと考え始めた。

先輩のアドバイスのとおり、ヘーゲル先生には、何度も、何度も質問をするに限る。

「劇薬かどうかは分からないが、多くの人にとって当たり前であることでさえ、考え抜いて生きた、演出家の竹内敏晴の話をしよう。ちなみに、この人は好きだからといった判断では職業を選ばなかった人でもある」

先生はそう言って、本棚から数冊本を取り出した。

「自分の言葉」はどこにある？――演出家・竹内敏晴の場合

はじめに先生は、竹内敏晴の幼年期からの経験をざっと話してくれた。

竹内は一九二五年に東京で生まれた。赤ん坊の頃、彼は飲んでいた母乳が咳きこんで耳に入り、中耳炎になってしまう。そのため、幼いときから音が聞こえにくくなってしまった。中学に入る頃には症状が悪化し、それまで少しは聞こえていた音も、全く聞こえなくなってしまう。しかし、一五歳の時に開発された新薬によって症状が改善され、再び聞こえるようになった。

先生はそこで話を区切り言った。

「竹内は普通の人が自然に言葉を身につけるのとは違い、意識的に言葉を習得しなければならなかった。そのため、言葉を話すことや使うことに対する感覚が、他の人とは異っていた」

「どういうふうに違うんですか？」

「その違いを知るには、耳が聞こえるようになった数年後、入学した第一高等学校で新入生と上級生が集まるコンパに参加したときの話が分かりやすい」

「コンパってなんですか？」と僕は聞いた。

「コンパというのは、自己紹介とともに一人ひとりが自分の思うことを話す集会のことで、戦前の旧制高校でおこなわれていた習慣だ。そのコンパに参加したことを竹内は本の中で回想し、次のように語っている。

だけど、そうやっていると、耳の問題もあるけれど、自分が内容的にも全然しゃべれないということを突き付けられるわけです。…（略）…「お前の言っていることはわからない」とか、「頑張れっ」と言われるたびに、自分はことばというものを持っていないという事実を突きつけられました。

（『レッスンする人』）

竹内は言葉を発する以前に、相手と交わる言葉も、自分の考えも見つからない。当たり障りのないことさえ話せない。自分の言葉を持っていない。そういった現実に気づいてしまった」

話が通じないと感じたことはあっても、「言葉を持っていない」なんてことを、僕は考えたこともなかった。

「耳が聞こえなかったこともあって、竹内は普通の人にとって意識しないことまで意識せざるをえなかった。ただ、そうはいっても竹内はどうすればいいのか分からなかった。次第に授業を欠席するようになり、一人閉じこもることが多くなっていった。

そのとき、デカルトの本に書かれた言葉に目を奪われる。

——規則第四　事物の真理を探求するには方法が必要である。

このことばが私を撃った衝撃を、私は今でもおぼろにからだに感じることができる。方法がいる！　必死になって探し求め、うろつき廻っても、方法がなければ、何もはっきりしたことは把握できない。

（『ことばが劈かれるとき』）

この『事物の真理を探求するには方法が必要である』という考え方に出会った竹内は、この文章の直後に書いてあった方法を学び、言葉と向き合えるようになった」

僕も自分を導いてくれる、そのような方法が知りたい。

「この時、竹内が学んだことをざっくりと語ると、全体をいきなり理解するのではなく、全体を細かく分解し、それを簡単な方から順に並べ、一つ一つ理解して、それらをつなげて全体を理解する方法であった。つまり、竹内にとってことばを理解するために、一つ一つ自分が納得できる言葉を見つけ、それをつなぎ合わせ、相手に伝わることばを作ることであった。

この方法に気がついて以来、竹内は自分が納得する言葉を見つけ出すことに注力する。そしてものごとを的確に表せたと感じた言葉に出会ったら、片っ端からメモをすることでことばを身につけていくことになる」

再び訪れた試練

「それで竹内は完全にしゃべれるようになったんですか？」

僕がそう聞くと、先生は首を横に振って言った。

「デカルトの言葉に導かれ、竹内は少しずつ言葉を紡げるようになっていった。しかし、彼は終戦の時にもう一度言葉を失ってしまう」

「え、もう一度しゃべれなくなるんですか？」

先生は頷いてから、言葉を続けた。

「その二度目の言葉を失うきっかけは、友人からある秘密を打ち明けられたことによるものだった。『日本がポツダム宣言を受諾した。明日正午に天皇の放送がある』。その友人は元大蔵大臣が保証人になっている関係で、誰も知らない話を先に知っていた。しかし、友人はその秘密を一人では抱え込めず、竹内に洩《も》らしてしまう。

世界は変わってしまった。世界中の人々が、日本は敗けたことを知っている。世界は次へ向かって動いている。だのに、この目の前では人々が、昨日までのまんまのリズムで同じ生活を果たしている。これはなんだ。これは事実。間違いのない、手にとれる、鮮かな。だが同時にこれは、もう意味の失われた、架空の、幻影にすぎない。必死になって私は目の前に見える世界が崩壊し二重うつしになってゆくのに耐えていた。ほんとうの世界とはいったい何か。これほど確実な目の前の事実、手にとれるものが、まったくにせものなのだというのは、どうしたらいいのか。

そのとき私の中で起こったことは限定しにくい。だが、はっきりしていることの一つは、そのとき以来私にとって事実と真実とが分離していったということだ。

(『ことばが劈かれるとき』)

日中戦争から数えると約八年間、十代の大半を戦時下で過ごした竹内にとって、戦時中に当たり前と感じていたことが、目の前でサーっと色あせてしまった」

先生はそう言って、僕の方をちらりと見た。だけど、すぐに本に目を戻し、話を続けた。

「この出来事から数日後、竹内は、それまで想像もしなかった将来が広がっていることにも気がつく。

新しい衝撃は、たぶん一、二日あとにやってきた。突然それはやってきた。「ああ、生きてもいいのだ!」。まるで目の中に太陽のかけらが飛びこんだように目の中がまっ赤になり、眩んだ。「戦争で死ななくてもいいのだ！」。十年のちに、私が生きているということがありうるのだ、ということに気がついたとき、私は頭がくらくらした。どういうことだか見当もつかず、ただあえいでいた。それまでの私は、私だけではないが、ただ死だけを見つめていた。たぶん半年あと、長くても一年ぐらいあとには、確実にやってくるものとしての戦死を。それまでの一分一秒をどう埋めていくかだけが私の見える領野だった。一挙に生命は無限大になった。私はただあえぐばかりで、とてもそんな大きな烈しいものに耐えられそうになかった。

（『ことばが劈かれるとき』）

竹内の中で、戦時下では自らが死ぬものだと思っていた常識が一夜にして覆る。その変化はあまりにも急激で、彼にとっては受け入れるのは困難であり、大きな混乱に飲み込まれた。

正直、竹内の文章に面食らってしまった。「ああ、生きてもいいのだ！」そんな言葉が、自分の中から湧いて出てきそうにない。

「このときから竹内は半年間ほど言葉を失ってしまう。日常的に使うような言葉、例えば食事の時の『おかわり』といった言葉さえ口にすることがなかった。しかも、父親に指摘されるまで、言葉を話していない自分に気がつかなかったくらい、自分を見失ってしまう」

自分が話していないことに、言われるまで気がつかない。

これも僕には想像もできなかった。

「それまで当たり前だと思っていたことが崩れ去り、話しだそうとしている自分が信じられなくなったのだろう。自分が信じられなくなれば、デカルトの方法も効果がない」

「ならどうしたんですか?」

「竹内がこの状態から回復した要因はいくつかある。一つは、東大のキャンパスで、魯迅《ろじん》の研究者竹内好《よしみ》が話していたことが、それまで当たり前だと思っていた自分の考え方を乗り越えるときの力になった。その時の出来事について書かれた文章を、少し長いが引用して読んでみよう。


私は、うすぐらい確か二十五番教室の階段状の席に座って竹内好氏の、その記念すべき講演を聞いた。何を聞いたのか、私はまるで覚えていない。ただ私に一つのことだけが耳の底に響いていた。——魯迅は自分を新しいものと考えたことはなかった。いつも古いものとしてとらえた。そしてその自分の古さを徹底的に憎むことによって、中国の社会の古いものと闘った。——竹内好氏が実際こう語ったかどうか、とにかく私にとっては、ただこの一事だけが残った。古いものは、自らの古さを憎み、それを見すえることによって、新しい時代に生きてゆくことができうるという発見が私の心を重く、しかし、わずかに輝かせた。

私は道傍で遊んでいる子どもを見た。ふいに涙が流れた。おれはもうダメだ。新しく生きられない。しかし、もう二度とこの子どもたちに、おれと同じ教育はさせない。おれの歪みをここにして、おれと同じように人間性を圧殺する教育を子どもたちに向けようとするものを嗅ぎわけ、そして闘い殺してやる。私ははしり廻る子どもの肢を見、歓声を聞き、息がつまりながら立ちつくしていた。


(『ことばが劈かれるとき』)

戦後の新しい生活を受け止めきれず、戦前の自分をどう扱えばいいのか困惑していた竹内敏晴に、古いものと向き合うことで前に進んだ魯迅の生き方は、彼の道を照らすヒントになった」

「その魯迅ってどんな人なんですか?」

「魯迅は一八八一年に中国の浙江省《せっこうしょう》に生まれた文学者だ。しかし、もともと彼は医者を目指していたという。それには父親の病気が関係していた。彼の父親がよく分からない病気にかかったとき、医者から旧式の医療で診断され、怪しげな漢方を勧められたのだ。しかも、その薬は高価であったため、父親は飲むことを拒絶し、最後には命を落としてしまう。この出来事がきっかけとなって、魯迅は西洋的な医者の道を目指すことを決心する。南京の軍学校を卒業すると、最新の医療を学ぶため、官費留学生として日本に渡った。

ところが、日本に留学中、母国でおきた事件を知ったことで、文学の道に進むことを決める。その事件とは、中国人スパイが捕まり、打ち首にされたことだった。捕まった中国人捕虜の扱いの残酷さもさることながら、その光景を無表情で見ている周りの中国人の姿に、魯迅は衝撃を受ける。この時、彼は体を治す医者ではなく、心を治す文学者の道に進むことを決めたという。魯迅の代表作は『狂人日記』『故郷』『阿Q正伝』といったもので、中国に帰郷した後には、夏目漱石など日本の文学を中国語に翻訳したりしている」

先生はそう言うと、立ち上がり、隣の部屋から本を数冊持ってきて、僕に手渡してくれた。

魯迅と竹内好《よしみ》、それぞれの本であった。

嘘と決めた瞬間に嘘となる

「竹内敏晴は講演を聞いたあと、神田の古本屋街に行き、魯迅の全集を買った。そこでまた、彼の歩みを方向づける一文に出会う。それは魯迅の日記の中で引用された詩の一文『絶望の虚妄《きょもう》なることは、まさに希望と相同《あいおな》じい』という言葉であった」

先生はそう言って、僕の持っている一冊を指さしながら「その付箋《ふせん》が貼ってあるページに書かれている」と言った。

僕はその該当箇所を読んだけれど、意味が分からなかった。

「『絶望の虚妄なることは、まさに希望と相同じい』ってなんですか?」

「この言葉を文字通りに理解すれば、絶望も希望も両方とも嘘偽《うそいつわ》りでしかない、となる。これは魯迅が経験した、彼なりの現実理解であった。

魯迅は中国で何度も起こった革命のたびに、祖国が変わることへの希望を抱いたが、その思いは毎回裏切られることになる。この絶望的な経験から、希望というのはいつも報われない、嘘偽りみたいなものと感じていた。しかし、だからといって魯迅を取りまく状況が永遠の真実かというとそうではない。どんな状況であろうとも、それが永遠に続くわけないからだ。

つまり、希望と同様に、いま感じている絶望というのも嘘偽りみたいなものだ、そういった意味になる。さらに言えば、本当の絶望を感じている者こそが、本当の希望を知ることができる。絶望を感じない人は希望なんてものを持たなくていいからな」

先生はそう説明した後、竹内の本に再び目を向けて、言葉を続けた。

「しかし、竹内敏晴は、こういった魯迅の理解に対して、さらに付け足してこの言葉を読み取った。『虚妄の虚妄なることもまた相同じい』。これの意味することは、何かを嘘と決めた瞬間、決めたこと自体が偽りになる。つまり、戦時中に当たり前だと思っていたことが嘘偽りであったとしても、嘘偽りそのままに自分の体験として捉えないと、本当のことは見えてこない。そういった理解のもと、竹内はありのままの自分を受け入れることで、自分の戦争体験と向き合い、言葉を取り戻していく」

僕は竹内の生き様に圧倒されて、何を言っていいのか戸惑ってしまった。

先生は一口コーヒーを飲んでから、僕の様子に構わず話を続けた。

「ここからは余談になるが、君と違って好きなことで仕事を選ばなかった話を見てみよう。少しは君の参考になるかもしれないからね。

竹内は、東京大学の東洋史学科を五一年に卒業するとき、演劇の世界に入るか、農民組合に入るか迷っている」

「農民組合ってなんですか？」

「ざっくりとした説明になるが、農民組合とは、農民の社会的な地位の改善を目指したグループだ」
「演劇と農民組合なんて、全然違うじゃないですか」と僕は言った。
「どうやら竹内にとっては同じだったようだ。これも少し長いが、書かれた箇所を読んでみよう。

演劇の仕事を選んだのは芝居が好きでたまらなかったからではない。今から見るとトッピな話だが、当時私は長野県のある農民組合に行こうか、芝居に入ろうか迷っていた。自分を、新しい時代に生きられぬもの、死んだもの、として感じることは変わらなかったが、なおかつ、意識され覚悟された「死んだ」は、刻々に鮮かに脈打っていなければならなかった。でなければ単に生理的に生きることにさえならない。なんらかの意味で創造的でなければ生きられないことを私は感じ始めていた。戦争と、私を戦争へ追いこんだもの――それは軍閥や支配層だけではなかった。生みの母さえ、私にとっては、拒否しなかったものとして、その一人だった――への強い怒り、というよりむしろ怨みがそれを支えた。だが私は、私一人のからだの中に力を見出すことができなかった。私にとっては、農民組合も芝居の集団も、協働して人間的なものを創り出してゆく、という意味で同じ次元のものだったのである。

（『ことばが劈かれるとき』）

竹内にとって、農民組合も演劇も、『協働して人間的なものを作り出してゆく』という点で同じだったんだよ」

自分と向き合うことで、先に進むことができる

棚から一枚の紙を取り出して「いろいろ大切なものが抜け落ちてしまうから、適切ではないんだがなぁ」とぼやきながら、先生は紙に図式らしきものを描いた。その描いたものを僕の前において、解説を始めた。

「いま話した竹内の歩みを、一歩離れて眺めてみよう。そうすると見えてくるのは、彼がどうしようもない問題にぶつかったとき、心の指針が示す方向に気がつくことで、彼特有の人生がはじまるということだ」

「心の指針？」

「たとえば、コンパで自分の言葉がないと気がついた竹内は、相手とコミュニケーションを取りたい自分と向き合うことになった。このとき竹内は、デカルトの言葉『規則第四　事物の真理を探求するには方法が必要である』に出会う。

これによって確たる言葉を一つ一つ見つけて、それをつなげることで相手とコミュニケーションを取れることに気がつき、この対立を統合することに成功した」

先生はそう言って図を指し示した。

「こうやって図にするとなんとなく分かります」

「それなら良かった。こうやって話せるようになった竹内であったが、終戦を機にまた話せなくなってしまった。

　この時、竹内は戦中の自分の価値観――学校で受けた教育、戦争に行って自分の命はそれほど長くないという予感、日常で見ていた人の営みなど――が、戦後の現実とあまりに異なるため、何を根拠に生きれば良いのか分からず、全てのことが虚構のように感じられた。その結果、父親に指摘されるまで、自分が言葉を発していないことに気づかないほど打ちのめされてしまう」

　先生はそう言うと、二つ目の図式を指さしながら言った。

「このとき竹内好《よしみ》の講演で魯迅の話を聞き、魯迅の日記から『絶望の虚妄《きょもう》なることは、まさに希望と相同《あいおな》じい』という言葉に出会うことで、竹内敏晴は戦中の価値観と戦後の価値観を統合し、将来に向かって歩むことができるようになった」

　先生は僕の方を向いていった。

「もちろん竹内のように、自分の中の矛盾を統合せずとも、

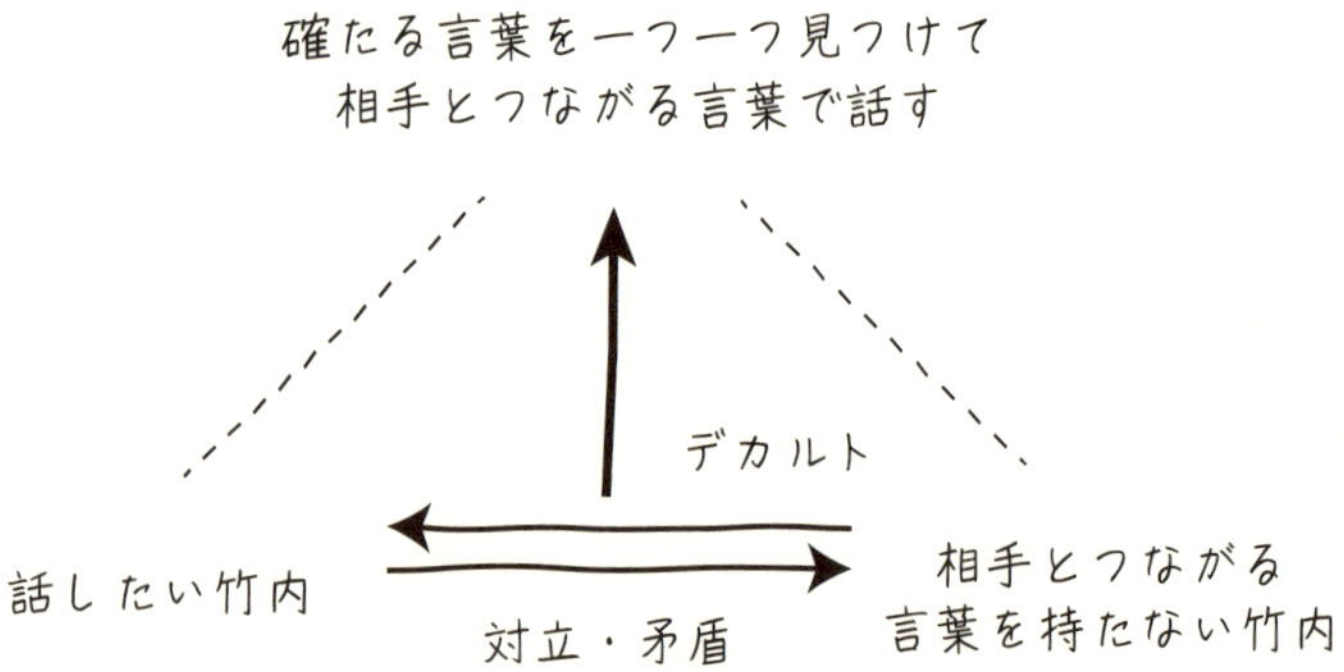

人は歩むことはできる。竹内と同じように悩んだ人の中には、戦中の価値観にしがみつく人もいただろうし、戦中の価値観を完全に捨て、戦後の価値観だけを受け入れた人もいたはずだ。

ただ、その場合であっても、心の奥底で消えない声があったと見ていい。君なら『僕の人生は、このままでいいでしょうか』と言葉にしてしまった、その心の声のようにね。**その小さくとも、自分を引っ張る強い声に応えるには、自分と向き合うしかない**」

そう言って、先生はペンを走らせ、紙に図を追加した。

「君の場合で言えば、こうなるのかな。今の君の現実と、好きなことを仕事にという価値観が対立している。それを統合しなきゃいけないのだが……」

先生はそこで言葉を止めてしまった。

「問題がありますか？」

「う〜ん……、どうやら先を考えようにも、私には君の現実が分からない。この部分をもっと具体的にしないと統合できそうにないいな」

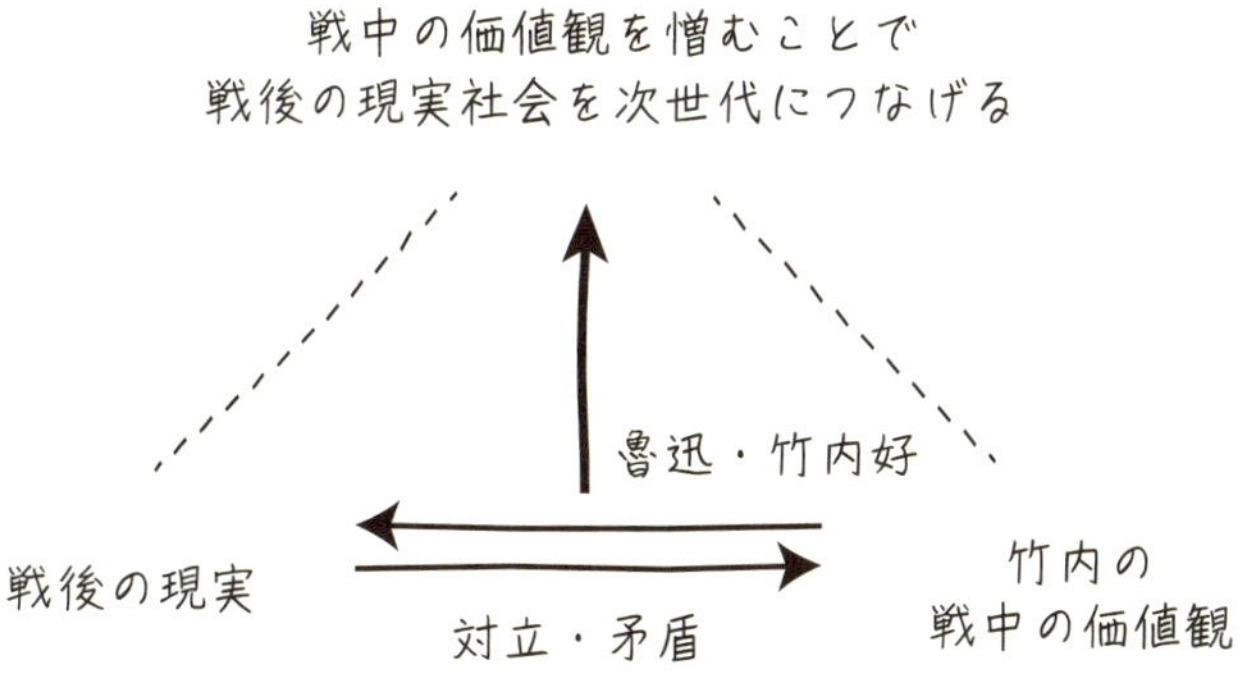

先生はそう言って「今の自分の現実」と書かれたところを指さした。

「ここを明らかにするのは、君にかかっている。君の抱えている現実だ。ただ、この自分の現実を見るのは、怖いし、痛いだろうねぇ」

それは痛いほど分かる。自分を見るのは怖い。

「もしそれでも乗り越えることができれば、大きな飛躍が待っている。竹内の歩みを見れば分かるように、君の可能性は大きく開かれる。君が想像することができないほど開かれる」

現実を見るのは怖いけれど

この恐怖は、福沢諭吉が江戸で新しい塾のトップになる時も同じだったのだろうか。その怖さをなんとかしようと、他の人を試したりしたのだろうか。

そんなことを考えていた僕に、先生は優しい声で言った。

「そうやって眉をひそめて、難しく考えることはない。こうい

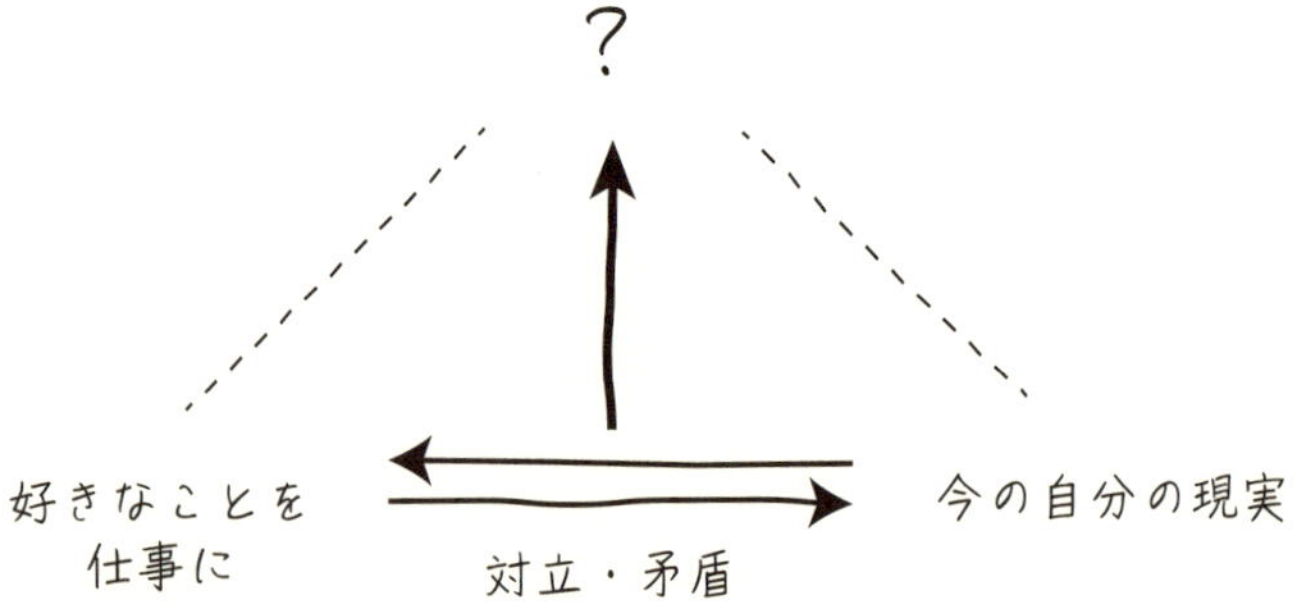

ったことは、誰もが小さい時から経験していることなんだ。数週間前に友達と喧嘩したソウタだって、乗り越えていったぞ」

「え、喧嘩したんですか⁉」

「何をそんなに驚いてるんだ、小学生の時、誰だって喧嘩くらいはするだろ？」

言われてみれば、そうかもしれない。

子どものころは、おもちゃを取られたとか、取ったとか、些細なことで喧嘩をした気がする。小林とのやり取りで、喧嘩を大げさに捉えていたのかもしれない。

いつの間にか、こんな当たり前のことも忘れてしまっていた。

「この際だ、ソウタが乗り越えた話もしようか。その時も竹内の文章を扱ったし、ちょうどいい」

先生はそう言うと、机の上に置かれた竹内敏晴の本を一冊取り上げて、

「授業では『教師のためのからだとことば考』に書かれた、幼稚園で起きた出来事を取り上げた。浮かない顔をしたソウタを元気づけようと、ちょっとだけ背伸びした授業がいいと思って、たまたま手近にあった大人の授業でも扱う題材を取り上げたんだ」

授業　竹内敏晴『教師のためのからだとことば考』

いつも元気いっぱいに話している二人が珍しく黙っている。二人の間に流れる空気はどんよりと重い。ソウタは一人で下の方を向いている。ヒナはソウタの雰囲気がおかしいのに気づいていたが、何も話さず授業の準備をして先生を待っていた。

そんな二人を見て先生は言った。

「おやおや、どうした。二人は何かあったのか?」

「別に。ヘーゲル先生、授業に入ろう」ソウタが暗い声で答えた。

先生は、おやっと思ったがそれ以上深く聞かずに、授業を始めた。

「前回に続いて、今日は問題集をやる予定だったな。でも、そうだな……、いい機会だから特別に、二人には週末に来る大人たちに解いてもらう予定の問題をやってもらおうかな」

「え、大学生とか社会人のクラスの?」ソウタがはじめて顔を上げて聞いてきた。

「そうだ。今回の内容だったら、二人とも、大人がやっている教材でも理解できるはずだ」

「ほんとう?」とヒナが首をかしげながら聞いてきた。

「本当」と先生は答え、パソコンがある書斎に移動し、新しい教材を印刷して持ってきた。

「いま配ったプリントは、演出家の竹内敏晴という人が書いた『教師のためのからだとことば考』の一部を抜き出したものになる。それについて意見を述べよという問題だ。演出家とは、演劇などの舞台をまとめる人のことだよ」

「えー！　そんな仕事があるんだ」とヒナが驚いて言った。

「さて、話を理解しやすくするために、著者がどんな人なのかを簡単に説明しよう。著者の竹内は、生まれてすぐに病気で耳を悪くしてしまう。小学校の時はまだ音は聞こえたようだが、中学に入るころにはほとんど聞こえなくなってしまった。でも、中学生の時に新しい薬のおかげで症状が良くなって、再び音が聞こえるようになる。

とはいえ、竹内は小さい時から音がうまく聞き取れなかったから、かなり意識的に言葉を学ばないといけなかった。だって、私たちのように、言葉を耳で聞いて、真似《まね》をすれば話せるってわけにはいかなかったからな。その後、すごい努力をして言葉を学び、東京大学を卒業後、演出家の道を進んでいった」

二人は先生の話を聞いて、気になったことをノートに書いた。

「耳が聞こえなかった経験と演劇に携わったことから、竹内は、ことばとからだについて非常に敏感な感性を持っていた。そういったことについて、彼は何冊も本を残している」

二人は話の内容が大人向けのせいか、いつもよりも真剣に聞いている。

二人の顔つきを確認してから、先生は問題文を声に出して読み始めた。その内容は、ある幼稚園でおきた喧嘩《けんか》の話であった。

ある幼稚園で男の子と女の子がけんかをして、女の子が泣き出した。そこへ保母さんが駆けつけてきて、「女の子を泣かしちゃダメじゃないの」と男の子を叱って、「とにかく『ごめんなさい』と言いなさい」と強要した。男の子は、「だってあいつが悪いんだもの」と、なかなかいうことをきかなかったけれども、あんまりしつこく言われたので、とうとう「じゃあ、ごめんなさい」と応えた。とたんに保母は「ごめんなさいと言ったわね。さあ、それでいいわ。じゃあ皆、あちらで遊びましょう」と、男の子を置いたまま子どもたちを連れて行ってしまった。

（『教師のためのからだとことば考』）

ここまで読むと先生は二人を見て、「どう？」と聞いた。

「この話、なんだか変だよ。なんで悪くない男の子が、謝らないといけないの？」とソウタは嫌そうに答えた。

「保母さん怖い。なんだか冷たいし、なんか大人って感じ」とヒナも口をとがらせて言った。

「なんだか変だね。この話には続きがある。男の子と女の子と保母さんの、三人のやり取りの一部始終を見ていた第三者がいたんだ」

そう言うと、先生は再び読みすすめた。

見ていた年配の女性はこの結末に驚いて、考えた末、子どもたちに質問をしてみたそうです。「ここに二人の子どもがいます。一人は、なにか悪いことをして叱られるとすぐ『ごめんなさい』と言う。だけどまたすぐ悪いことをする。またとがめられると、また『ごめんなさい』と言う。一〇〇ぺん『ごめんなさい』を言う子が、ここに一人います。もう一人は、なかなか『ごめんなさい』を言えない。しかし、もう二度と同じようなことはしない。みなさんは、どちらが良い子だと思いますか？」と。すると子どもたちが一せいに手を上げて、「一〇〇ぺん『ごめんなさい』を言うのが良い子」。

問いかけた女性は呆然としたそうです。この例は、現在学校教育において進行している「ことば」の教育の到達する地点を明確に示している、と言えそうです。

（『教師のためのからだとことば考』）

「ここまでの文章で、いろいろな人の気持ちを考えながら、多面的に考えて、自分の考えを八百文字以内で文章に書いてくれっていうのが、今回の問題だ」

「いろいろな人の気持ち？」

ソウタの疑問に先生は答えた。

「いろいろな人の気持ちっていうのは、男の子の気持ちだけじゃなく、女の子、保母さん、年配の女性、そしてそれぞれについての気持ちだ。もちろん、ヒナとソウタの気持ちもある」

「じゃあ、多面的ってどういうこと？」とヒナが聞いてきた。

「多面的っていうのはね、このお話にはいろいろな側面があるってことだ。たとえば、ごめんなさいを強制的に言わされた男の子の気持ちをどうするのかという側面や、この男の子が大きくなった時どうなるのか、といったことも側面の一つ。思ってもいないのに『ごめんなさい』と言う世の中はどうなっているのかなど、物事にはいろいろな側面がある」

「う〜ん、なんだか難しそう」とヒナは低い声でつぶやいた。すると先生は、「難しくはないぞ。いつもやってることと同じだ」と言った。

続けて先生は、読んだ時に感じた第一印象を引き出すため、二人に質問をした。

「まずはこの話を聞いて、二人はどう思った？」

「言葉だけの『ごめんなさい』なんて意味ないよ」

「私も、そんな『ごめんなさい』なんて言われたくないかも」

「では、他に疑問やおかしいと思ったことはある？　もう一度、文章を読んでみよう」

先生が促《うなが》すと、二人はもう一度自分たちで文章を読み返した。そうすると、まずソウタが疑問を口にした。

「あれ、男の子と女の子は、どんなことで喧嘩したんだろう。書いてない」

「お、よく気がついたな。ここには具体的な原因は書かれていない。男の子と女の子が喧嘩して、男の子は『あいつが悪い』と言っているだけだ」

どうにもソウタは納得がいかない。

「どうして保母さんは喧嘩の理由を聞かなかったんだろ。おかしい！」とソウタが言うと、

「本当に、なんでだろう？」

ヒナも頷いて、同意した。ヒナも不思議に思っていたようだ。

「僕だって学校で何かあったとき、どんなことで争っているのか理由は聞かれたよ。それもなかったら、どうしようもないよ」

「どうしようもないか」

「こういうのって、理不尽っていうんだっけ？」とヒナは言った。

「ヒナはずいぶんと難しい単語を知っているね。保母さんは理由も聞かずに子どもを扱う、理不尽な側面が見えてきた、なんて書けそうだ。他にはどうだい？」

気を良くしたヒナは続けて話した。

「私は『ごめんなさい』って言われた女の子の気持ちは分かるかも。女の子は保母さんが味方してくれたから『私は悪くない』って思ったはず。しかも、男の子について『素直に私にごめんなさいって言ってくれない相手はひどい人だ』と考えるかも」

「そんなのひどい。男の子は悪くないのに」

すぐに反論したソウタに、ヒナは諭すように、

「男の子はたしかに悪くないかもしれないよ。でも、この文章だと男の子が『だってあいつが悪いんだもの』って言ってるだけ。女の子の意見は書いてないから、どっちが悪いかなんて分からないよ。それに……」

「ひどいものはひどい。男の子の後の態度を見れば、女の子が悪いのは絶対だ！」

珍しいことに、ソウタはヒナの言葉を遮って意見を述べた。

先生は優しく言った。

「ソウタどうした。今日はカッカしてるな。この文章には、誰が悪いとは書いてないぞ。まずは書いてあることから、考えよう」

「へーい」とソウタは少し低い声で返事をすると、文章にもう一度目をやって、つぶやくように言った。

「この保母さん、なんで話を聞いてくれないんだろう」

ソウタが、またぼそっと疑問を口にしたのを聞いたヒナは、ため息をつきながら言った。

「うちのお母さん、イライラしてるとき私の話を聞いてくれないよ。この保母さんもイライラしてたんだよ」

先生は頷きながら言った。

「そうかもしれないね。あるいは、他の子どもたちをさっさと連れて行ったのをみると、いつも同じような対応を、とっていたかもしれない」

「誰も何も気にしてないから、いつもの日常って感じ」

ヒナはやれやれといった様子で答えた。

二人の視野を広げるため、先生は後半の文章にも注意を向けさせた。

「年配の女性が幼稚園児に質問をしていただろ。口先だけで謝る子と、なかなか謝らない子どもたちの話だ。そっちで何か気になったことはある？」

「う～ん、私は幼稚園の時、学校の先生が言っていることを疑ったことなかったなぁ。だから、保母さんが言ってたら、それが当たり前だと思っちゃいそう」

ソウタはヒナに質問した。

「ヒナちゃんはこの話をおかしいと思わないの？」

「おかしいよ。ごめんなさいというだけで、何も反省もしてないんだもん。でも……、実は私も同じようなことしたことあるし」

「え、そうなの？」と、ソウタが目を見開いた。

◇　◇　◇

先生は散らかった話をまとめるため、ヒナに向かって話しかけた。

「さあ、話をもう一度戻そう。ヒナが幼稚園児なら、保母さんに言われていることをそのまま受け入れてしまう」

「うん」

「そして、さらに、おかしいと感じながらも、『ごめんなさい』と言ってしまったこともある」

「そう。こんなのフツーでしょ」

ヒナの言葉を聞いたソウタは納得がいかない。

「それって普通なのかなぁ。僕は、こんな状況なら体がムーって感じになるよね。保母さんには話が通じないし」

「ムーか？」

「そう、ムーって感じ。あ……そっか」

そう言って、何かに気がついたようで、はっとした顔つきをした。

「どうかしたか？」と先生が聞くと、ソウタは「実は……」と言って、教室に入ってきたとき機嫌が悪かった理由を話し始めた。


学校の給食当番で、シチューをみんなに配る時のことだった。

同級生のマコトが「後に配った人のシチューの量が多い。僕にも、もっとくれ」と言ってきたのだ。均等に配っているつもりだったのでソウタは「そんなことない」と反論すると、言い合いがはじまり、話が大きくなった。そこで学校の先生が間に入った。

ソウタはみんなに平等に配ったと言ったが、先生は「マコト君の量は少なかったんだよね。それは良くなかったんじゃないかな」と言った。

マコトには「ソウタ君も、お腹が空いた皆のために早く配ろうとしているんだから、そういう風な言い方はいけない」と注意した。その場をおさめるため、互いに「ごめんなさい」を言い合って、仲直りをするように先生は促してきた。

最終的に「ごめんなさい」と言ったけれど、ソウタはどうしても納得がいかなかった。

その話を聞いたヒナが「そんなの、口先だけでごめんなさいって言えばいいのに」と言うと、ソウタは「そうじゃない」と言い返す。

「ふーむ。そんなことがあったのか」と、先生が言うと、ソウタはさらに話した。

「学校で、ごめんなさいと謝るとき、なんで僕が謝るんだって思ってたんだ。でも、この竹内さんの男の子の話を読んだら、僕はまだマシだったんだなって思ってさ。だって、学校の先生は話を聞いてくれたから」

ソウタが話したことを聞いて、先生はソウタに質問をした。

「その時、ソウタは納得がいかなかったわけだ」

「だって、僕が悪くないことを学校の先生が分かってくれなかったから……。でも、この話を読んで思ったけど、僕は学校の先生に話を聞いてもらえば、自分の味方をしてくれると思っていたのかも……」

ソウタは少し考えてから、前を向いて言った。

「最初は友達が許せないと思ってたけど、違ったかも……？」

「どう違ったんだい？」

「う〜ん、僕は僕のことしか考えてなかったみたい。みんな同じくらいの量で配っていたつもりだけど、実際は量が少なかったみたいだし。友達の量が少なくて嫌だって思った気持ちを無視してたな、と思って……」

そこでソウタは一瞬言葉を止めてから、言った。

「う〜ん、最初から謝ればよかったのかなぁ……。なんだか、悪いことしたのかも」

先生は頷きながら話を聞いている。

「なら、仲直りするしかないな」

「うん」ソウタは頷いて言った。

二人の話を聞いていたヒナは、ソウタの顔を見ながら話した。

「へぇ〜、謝るんだ。この間ね、家で『宿題がイヤダ』って言ったら、お母さんが『そんなに勉強が嫌なら塾を辞めなさい』と言ってきたんだよね。

絶対そこで『辞める』なんて言えない。だって辞めるのは許さないって顔に書いてあるんだもん。だからさ、『ごめんなさい』って言って、辞めなかったんだよね。ヤダヤダ、思い出しちゃった」

「僕だったら『辞める』って言っちゃいそう」

「絶対ムリ。お母さん、怖いし、悲しむだろうし」

「悲しむ？」

「そうだよ。お母さんは私に期待しているから」

ヒナは少しふてくされながら、

「あのとき言った、私の『ごめんなさい』は何だったのかな。男の子もこんな気持ちだったのかなぁ」

「そうかもしれないな」

先生は二人の顔を見回して、

「さて、竹内の問題に戻ろう。さあ、今までおしゃべりしていたことを文章にして書いてみよう」

「あ、メモしてないや。なんて言ったんだっけ？」

ソウタが言うと、メモをしていたノートを見ながらヒナが答えた。

「えっと、確かね……」

授業解説

「のびのび生きる」ことの困難

「二人とも、この歳でいろいろと考えているんですね……」

僕は素直に感動してしまった。

「小さくたって、結構考えているもんだ。二人はここで言葉にする訓練を頑張っているから、年齢の割に考えを言葉にできる方だとは思うけどね。だが、この初回の授業では、最後まで竹内の言いたかった教育の問題という話までたどり着かなかった」

「この話って教育がテーマだったんですか?」

先ほど授業で配ったプリントと同じものを手渡されたので、それに目を通した。

「本を書いているのは著者だぞ。引用した最後の文に、——現在学校教育において進行している「ことば」の教育の到達する地点を明確に示している——と書いてある。そこが著者の判断だ。それ以外の話は事実でしかないのだから、主題は教育についてだ」

あれ、本当だ。

「ごめんなさいを百回言った方がいい、なんて話に驚いて見落としてました」

「インパクトの強い話だからな」

先生はそう言うと、竹内の本を開きながら話し始めた。

「この話は、一九八七年頃に書かれたものだけれど、教育の現状はあまり変わっていないんじゃなかろうか」

「こんなことって今でもあるんですか?」

「学校で知識を詰め込むような教育は、今も昔も同じようなものだろう。この幼稚園で起こった、ごめんなさいと言うことが正しいと思い込むことは、暗記ばかりしていると自分で考えなくなるのと似ているんじゃないか」

「たしかに……」

「授業では扱わなかったが、竹内は引用した文章のあと、自分の言葉に誠実であろうとした男の子と、言葉をそのまま受け入れた周りの子どもたちについて、『からだが歪む』という視点で書いている。


ところが一切の思いを発言する機会をいきなり封じられてしまったかれのからだは、ううっと内へ閉じこもり、緊張して縮こまっていくであろう。反対に一〇〇ぺんでも「ごめんなさい」を言える子どもたちは、「ごめんなさい」と言ったとたんにコンプレックスをすべて投げ捨ててしまっているのだから、何もからだを歪ませるものはない。

（『教師のためのからだとことば考』）

さらに竹内は、子どもだけでなく、親や社会まで含めた大きい視野でこの問題を捉えて語る。

子どもは「のびのび」と育ってほしい、と親ならばだれしもが願う。しかし現代は、一見「のびのび」した姿が、実は決定的に非人間的でありうる、という厄介な状況をわたしたちにつきつける。

（『教師のためのからだとことば考』）

ここに書かれた、一見のびのびと育ったように見える子どもが、非人間的になってしまうという逆説的な構造は、差別やいじめの問題にまでつながっていると竹内は指摘する。その結果として、のびのびと育った子はいじめをした時『そんな言葉で相手が傷つくとは思っていなかった』や、『言われたときに、傷ついたと言ってほしい』と無邪気に言ってしまう「それって、口先だけで謝れる子どもの方がのびのび生きて、しかも、相手を傷つけていることも分からないってことですよね。おかしな話ですよ」

「竹内もそのように感じたから、この状況をどうするのか、と世間に問いかけた。竹内自身は、この問題に対してことばとからだの関係を取り戻すことを提案している。

これは教員個々の、子どもに対する配慮や管理の周到さなどで補いうる事態ではない。ことばが人間のからだに根ざし、からだから生まれ、そしてからだからからだへ手渡されつつ次第に昇華し、からだから自立していくという過程を、真に教育の中で取り戻すことがない限り、「いじめ」はますます蔓延するほかはないでしょう。

(『教師のためのからだとことば考』)

ただ、この話はもっといろいろなことを考えなければいけないから、これ以上言及はしない。それでも、竹内が戦後に自分で決意して歩んだ生き方が、どのような活動となって現れることになったのか、その一端は垣間見えただろ？」

思考の枠組みを取り出してみる

僕は話を聞いていて感じた疑問を先生に言った。

「この保母さんや教師の話って、もっと人数が適切だったら問題は起きていないと思うんです。みんな忙しいから、こういった対応になってしまったんじゃないですか」

「それはあるだろうねぇ。一人で面倒を見るのには、どうしたって限界があるからね」

先生は僕の意見に同意すると、続けて質問をしてきた。

「では、なぜ人員を増やさないのだろうか？」

「う～ん、やっぱお金の問題なんですかね。教師を増やすとなると当然お金がかかりますから」

「それはあるだろう。お金というのは無限にあるわけではないからな。他には思いつくかい？」

「お金以外ですか……、あとは質の問題ですかね。いくらお金があっても、誰だって教師になれるわけじゃないと思うんです。そもそも新人とベテランで見えているものは違うでしょうし、誰でも同じようにできるわけではないですからね」

「そうだろうね」

「う～ん、そうすると僕が教師の数を増やせばいいと言ったんですが、そう話は簡単じゃなさそうですね」

「簡単ではないな。だからこそ、いま君が考えたように、いろいろな思考の枠組みを当てはめながら、現実を検証する態度が大切だ」

正直何を言われているか分からなかったので、質問をした。

「えーっと、思考の枠組みってなんですか？」

「たとえば、君が『教師や保母さんの人数を増やすのがいい』と言っただろ。そのとき、教師が一人の子どもに関わる時間が大切だ、という考え方が前提にあったはずだ。それが君の思考の枠組みだ」

「そ、そうですね」

言われて初めて気がついたが、そのことは黙っていた。

「一方、竹内の枠組みを一言で表すのは難しいが、学校教育におけることばの使われ方といった枠組みや、大きく見れば、ことばとからだと人間の形成の関係という枠組みになる」

「つまりその枠組みって、ものごとを理解する時の前提になっている、考え方や視点のことですか？」

「そう言い換えてもらって構わない。他にも、君が友人と喧嘩した時、好きなことを仕事にするのが幸せだ、といった枠組みから君は話していたし、君の友人はそれに対して、仕事はたくさんお金を稼ぐ方が幸せになる、といった枠組みを使って反論していた」

先生はそう言ってから、僕の目をしっかりと見据えて続けた。

「どんな枠組みでものごとを理解しているのかを意識しながら探せば、自分の当たり前だと思っていることが見えてくる。そうやって見つけた自分の当たり前と向き合えば、君の前に広がる霧は少しずつ晴れていくことになるもんだ」

好きなことを仕事にできたら幸せか

「ここに来たとき、君はヒントをくれ、ヒントをくれと騒いでいたから、参考になるか分からないが、君に質問してみようかな」

あ、先生が悪そうな顔をしている。

「そもそも、君は好きなことを仕事にしてどうするつもりだい。その先が全く見えないよ。好きなことを仕事にすれば、何かすごいことができるとでも思っているのかい？」

いきなり鋭利な質問が飛んできた。

「考えたことなかったです……」

「おいおい、しっかりしてくれ」

僕はなんとか質問のずきりとした痛みに耐えながら、先生に言った。

「いや、そうですよね。たぶん、好きなことを仕事にできれば、今より楽しく仕事ができて、辞めようとか考えず長く続けることができるんじゃないか、と思っていたんです」

「君にとって仕事ってなんなんだろうか？」

「お金を稼ぐことですかね……？」

「それなら、君はどうしてお金を稼ぐのが一番だと言っていた小林君の意見に反対したんだ？」

先生は僕の言ったことをすべて覚えているようだ。

「……たぶん小林のことが少し羨ましかったです」

全く気にしていなかったら、小林の話を聞き流せたはずだ。それなのに、小林の言葉に反論したのは、心のどこかで小林が前向きに生きている姿に嫉妬していたからかもしれない。

「先生、そんな身を切られるような質問は、心がイタイです」

僕が冗談半分に泣き言をいうと、先生はニヤリとしながら答えた。

「自分のことを見ると痛いもんだ。なんといっても、自分を見るのは、自然の坂を登るつらい作業だからな」

「自然の坂を登るですか……?」

「何も考えず、食って寝ていた方が楽だろう?」

「そりゃそうですよ」

「自分を見ずに、自分の考えを変えないことは、同じように楽なことだ。だからといって、自然の坂道を下るような楽ばかりしていても、心のどこかで、人生このままでいいのか、と君のように思ってしまうのも、人間なんだがな」

自分で言うのもなんだが、本当に厄介な生き物だ。

「自然の坂道を登ることとは、新しいことが分かる喜びにもつながっていく。そして、自分の対立する枠組みを統合する歩みは、同時に多くの現実を引き受けることでもある。この引き受けていくことが、人として成長することにつながっていく」

先生は僕の目をじっと見据えて言った。

「だからね、いま君は、最高の時期を過ごしているんだ」

先生の書斎を出るとき、ソウタ君と友達の関係がどうなったかを聞くと、その後に起きた顚末《てんまつ》を話してくれた。

喧嘩をした翌日、ホームルームが始まる前にソウタ君が友達に近づいて、謝ったそうだ。喧嘩相手も同じく悪いと思っていたようで、学校に持ってきてはいけない飴を渡しながら「俺、あのシチューがすっげー好きで、少なくてショックだったんだ。ごめん」と言ってきたそうだ。

今では休み時間でも一緒に遊んでいるらしい。

◇◇◇

ヘーゲル先生の教え

自分を引っ張る声に応えるために、自分と向き合う

ソウタ君でさえ友達に謝って仲直りしているのに、いつまでも謝っていない自分が恥ずか

しくなった。だから、帰りの電車に乗るやいなや、小林に謝罪のメッセージを送った。

その返信が返ってくるまでの間、最近の自分を振り返ってみることにした。

僕がいま大切に感じていることは、先生と話す時間や本を読む時間だ。先生に再会してから、以前よりも僕は生きている感じがする。そのおかげか、最近はとくにやりがいはないけど、仕事も前より順調だと思う。他にも、先生に痛いところを突かれたけれど、小林が「世の中は金だ」という発言に反論したのは、今でも間違ってはいないと思う。

こうやって自分の言動を思い返すと、なにか特別なことを追い求めるよりも、仕事、お金、プライベートの時間といったものが、いいバランスで成立することが、自分の人生で目指すべき道のようにも思えてきた。

これはよくある結論かもしれない。でも、そういったものこそが本当の幸せなのだろう。今よりも、時間の使い方をもっと見直せば、心の中の霧も晴れて、満足できる人生になるのではないか。

そう考えていると、小林からメッセージが返ってきた。

――俺も悪かった
実はあのとき彼女とうまくいってなかったせいで、お前に八つ当たりしちまったんだ

――いや、俺の言い方が悪かったよ

――で、彼女とは仲直りはできたの?

――いや、フラれた

――……今度、近々飲み直そうぜ

――いいね

――でも、一人になって実感するけどやっぱ仲間が大切だなって

――どういうこと?

――何をするかじゃない、誰とやるかだって、最近シショーに教わったんだよ

――それってビジネスを教えてくれるといってたシショーの話?

――そう。これが真実ってやつだ

このメッセージをもらったときに感じた嫌な予感は、後に的中することとなる。

先生は、僕の課題が浮き彫りになった、喜ばしい出来事だったと言うのだろうけど……。

6章

自信を持って
自分で決めるために必要なこと

僕が悩んでいるうちに、小林のほうが爆発した。大爆発だった。

仲直りのために会いに行ったら、商品を薦められた。

僕は逃げ帰るように先生のところに行くしかなかった。

友人に対する接し方

「先生、助けてください！」

「おお、どうした、そんなに焦って。今日は来る予定じゃなかっただろ」

「本当に急で申し訳ないんですけど、僕一人じゃどうしようもないんです。ちなみにこれはいつものケーキです」

「おぉ、ありがとう。で、何があったの？」

僕は焦りながらケーキを渡し、先生に少し前におきた事件について話した。

「聞いてください。小林が、仕事があまりに忙しくて、しかも最近彼女にもフラれたせいで、頭がおかしくなっちゃったんですよ！　たぶんなんだか、変なビジネスを始めようとしているんです！」

「なんだい、その変なビジネス？ってやつは」

先生のキョトンとした顔も見て、僕は少しだけ冷静になった。

そう言えば先生は昔から、「ビジネスのことはからきし分からない」と言っていたことを思い出した。

「えっと……」

先生がゆっくりと椅子に座るのを待つと、僕も席にゆっくりと座った。

焦っても何も解決しない。

「僕も詳しくないのでよく分からないんですけど、話を聞いていると、友人や知人に商品を紹介し、商品を売るビジネスのようでした」

「それは普通の商売じゃないの?」

「どうやら違うようです。友人や知人に商品を買ってもらうだけでなく、その人たちを販売員に勧誘して、僕と同じ商品を売ってもらうみたいです」

「つまり、仲間を集めるってことかい?」

「そうです。仕組みとしては、もし仮に僕が誘った人が誰かに商品を売ったとき、僕にもその利益の一部がもらえるみたいですね。つまり、自分で直接売るよりも、自分の販売員にした人が増えれば増えるほど、楽して儲かるようでした」

「ほぉ〜」

先生は感心したように言った。

「理論上、たくさん仲間を集めれば、自分が一切物を売らなくても収入が入ってくるんですって。

いわゆる不労所得ってやつみたいです。やってる人はその状態を目指して、自分の友達や知り合いを勧誘して、商品を買ってもらうのが一般的なようでした」

「不思議な話だねぇ。これに誘われた人は迷惑じゃないのかい？」

先生は腕を組みながら、本当によく分からないといった様子で僕に聞いてきた。

「迷惑というか、もうよく分からなくて頭が真っ白ですよ。商品も良いものかも分からないですし。そもそも、小林の顔つきや様子がいつもと違ったんです」

「どんな風に？」

「目の焦点が合ってないというか、心をどこかに置き忘れてきたような表情でした。それなのに、いつもと違って妙に頭を使ったようなこと言ってきたり、不安を煽ってきたんですよ」

「どんなことを言ってきたの？」

「たとえば、『社会の変化は速い。誰も将来が分からない世の中だから、会社に頼らない経済的な自立が必要だ』からはじまり、『これからＡＩ社会になると、自分で考え、自分で稼げる力が必要だ』とか『経済的自立をしてこそ、本当の幸せがある』なんて言ってました」

「それって小林君が本当に自分で考えたことなの？」先生は眉をしかめて、聞いてきた。

「多分、違うと思います。少し前に、シショーと呼ばれる人に会ったと言っていたので、その人からの受け売りだと思います。小林はそんな器用なやつじゃないですから」

「師匠？」

「ニックネームでシショーと呼ばれる人です。何回も起業をして、ビジネスをよく知っている人らしいですよ。そのシショーっていう人は、ずいぶん羽振りがいいらしく、タワーマンションに住み、高級車にも乗って、高級腕時計をつけているらしいです」

「そりゃ、すごい」

「そうやって儲かっている人の話を小林から聞いていると、僕も自分の働き方が時代に遅れていて、会社に搾取されているだけじゃないか、そんな考えがよぎりましたよ」

お金はあればあるだけいい。給料があがってほしい。

小林がこの人の儲け話に乗りたくなるのはよく分かる。

「しかも、不思議なことに、一人じゃないことを強調してきたんですよね。――不安を感じるかもしれないけど問題ない。やる気のある仲間がたくさんいて、門外不出のノウハウもある。扱う商品は本当に良いものだけ。先人の知恵が詰まった、勝てるビジネスなんだ！――とかなんとか言ってくるんです」

僕の説明を聞いて、先生は言った。

「君はそこまで話を聞いて、なぜ小林くんのビジネスの話に乗らなかったんだい？」

「やっぱり怪しいんですよ。特に商品を実演して紹介してくれたときなんか、それは怖かったですよ。いつものアイツらしさが全くなかったです」

僕は先生に、小林がどのような実演をしてくれたのかを説明した。

小林は、自分が扱っている商品の良さを伝えるために、市販のシャンプーと取り扱っているシャンプーで、汚れの落ち方の違いを説明してくれた。プラスチックの板に、汚れに見立てた塩をつけ、それにシャンプーを付けて、汚れの落ち具合を実演してくれたのだ。

アイツの商品では塩が落ちたのに対し、市販の製品では塩が固まってこびりついたままだった。アイツは表情のない顔で、自分の製品が他の製品よりも汚れがよく落ちると説明し、本当にいい商品を扱っていると、熱心に言ってきた。

僕の説明を聞いた先生は、軽く息を吐きながら言った。

「不思議な実演をするものだねぇ」

「その時、僕が『そんなの水で溶かして、落とせば良くない？』と言ったら、『たしかに』と言って、小林は言葉を失ったんですよ。アイツ。たぶんなんですけど、アイツも自分が何をやっているのかよく分かっていないです。だって、塩は水に溶けるじゃないですか」

「ハハハ、そりゃそうだ」

「気まずい雰囲気になった後、小林がこの後も用事があるとか言って、そのまま解散しました。そして、僕はどうすれば良いのか分からず、いま先生のところに来たってわけです。先生に話しながら気がついたんですが、食事をしながら実演してくるのって変ですよね。そんなことにも気がつかないなんて、僕は相当焦ってたんですね……」

僕が肩を落とすと、先生は笑ってくれた。

「先生、僕は小林に対して、どうすれば良かったんでしょうか?」

僕がそう言うと、先生はいつもの倍以上に目を大きくした。

「そんなに驚いてどうしたんですか?」

「ここに来たときは、『僕の人生はこのままでいいのでしょうか』なんて調子だった。前回もそんな調子で、自分のことしか見ていなかった。それがいきなり、自分以外の人の心配をするから驚いちまったんだよ」

「僕だって、自分以外の人のことも考えますよ。いやだなぁ、先生」

「ハハハ」と先生は大きく笑った。

そのいつもと変わらない姿を見て、僕はいつもの調子がもどってきたような気がした。

「で、本当に僕はどうすれば良かったんでしょうか」

「小林君に直接、『お前は間違っている』と言えば良かったじゃないか。何をそんなに悩んでいるんだ?」

先生の言いたいことは分かる。

「そうやって話が簡単だったら、こんなに焦って先生のところに来ないですって。小林に余裕がないのは分かっていたんです。だって、過酷な労働条件で働きながら、なんとか休みを見つけて、副業で稼ごうと努力をしていたのを知っていましたから。アイツなりに自分で目標を定めて、精一杯生きていたんですよ」

「ほう」

「友達が努力しているのに、僕が何か言えるわけないじゃないですか」

「それでも、君はおかしいと思ったんだろ？」

「そうですけど……、何か引っかかるんです。小林が言ったことを聞いて、正しいと思った半面、どこか嘘くさいと思う自分もいるんです。だから、どうすればいいのか分からなくなってしまって……」

「嘘くさいか。それは事実と判断について勘違いしているから、感じたのではないか。特に事実に対して無防備になっていることに、君は嘘くさいと直感で理解したのだろう」

「どういうことです？」

事実と判断を分けて考える

「君の友人の主張は一緒に変わったビジネスをやろうということだったな。その理由は、自分で考え、自分で稼げる力が必要との判断からきている。その判断を支えているのは、社会の変化は速い、最近でいうとAI社会になるという話だったな」

先生はそうやって僕の話をまとめた後、質問した。

「まず、『社会の変化は速い』というのは事実だろうか？」

「それは本当にそう思いますよ。少し前ならスマホ、インターネット、パソコン、テレビといった発明が社会を大きく変化させた、なんて話もよく耳にしますからね。漱石が留学した時代には、飛行機なんてものはなくて、ヨーロッパに行くだけで一ヶ月以上かかっていた話を聞いたとき、当時の時間の流れは今とずいぶん違うだろうなって思いましたよ」

いま僕が言ったことは、ほとんど小林が説明してくれたことだけど……。

「そうだな。最近の社会の変化はずいぶんと速いもんだ。そうすると、小林君の話を次のように整理することができそうだ」

先生は紙を取り出し次のように書いた。

事実　社会の変化は速い
判断　自分で考え、自分で稼げる力が必要
最終判断　副業で変わったビジネスをした方がいい

「次にすることは、**『この事実と判断はどれだけ話の筋が通っているだろうか?』と問いを立てることだ**」

「問いですか?」

「そう、問いを立てるんだ。この場合、『社会の変化は速いから、自分で考え、自分で稼げる力が必要か?』という問いになる。これを聞いて、君は納得ができる?」

「それは納得できますね。いつ自分の仕事がなくなってもおかしくないですから」

僕の答えに、先生は少し考えてから、もう一つ質問してきた。

「では、『自分で考え、自分で稼げる力が必要だから、副業で変わったビジネスをした方がいいか？』はどうだろう」

この質問になると、いきなり胡散臭《うさんくさ》そうに聞こえた。

「別にそのビジネスじゃなくても良さそうですね。資格を取ってもいいし、転職したって良さそうです。……小林の話に違和感があったのは、このせいってわけですか？」

僕が聞くと、先生は少し考えてから「それは一つの理由だろう」と答えた。

「ただ、それだけではないだろうな。そもそも、なぜ君の友人は、社会の変化は速い、なんていう話を持ってきたんだろうか？」

「話を持ってきた？」

「私には、副業でそのビジネスをした方がいいという結論が先にあって、後から社会の変化についての話題を引っ張り出したように感じるな」

「アイツは、結論ありきで考えるようなやつじゃないですよ」

小林は昔からポーカーといったゲームに強く、冷静なところがあった。

「それなら、小林君は、自分で事実を選んでいるってことに気づいていないのだろう」

「事実を選んでいる……？　事実は事実じゃないですか」

先生は僕の質問に対し「この話題は直接伝えても納得しにくいものだから、どうしたもんかね」と言いながら、コーヒーを一口飲むと、目をつぶり、椅子に背を預けて考えだした。

パッと目を開けると、

「思い出した、少し前に大人の授業で扱った話がちょうど良さそうだ。君の友人のような状況になってしまった患者と接した、心理学者のユングの話だ」

「小林は病気だって言うんですか？」

「そうではないよ。ユングは自分の話すことが病人だけではなく、誰にだって関わることだと考えていた人物だ。そんな考えを持っていたせいか、この授業で扱った『人間と象徴』には、過度に普通や通常といった言葉が、たくさん出てくるくらいだ」

どんな体験でも、真正面で受け止める――ユングの場合

「ユングは一九世紀末から二〇世紀中頃に活躍したスイスの心理学者だ。心理学の発展に大きく貢献し、フロイト、アドラーとならぶ三大巨頭の一人として知られている。今では一般に使われる無意識という言葉は、ユング達によって広まったものになる」

「へぇ～、無意識ってけっこう新しい言葉なんですね」

「そうだな。ユングは少し変わっていてね、自分の見た夢や幻覚を大切にしていた。たとえば、

一九一三年の秋にヨーロッパを旅行をしていると、アルプス山脈より北側、イギリスからロシアまでが黄色い洪水によって飲み込まれる幻覚を見たという。これはユングが三八歳のときの出来事だ」

黄色い洪水……？　幻覚……？

「この幻覚は移動中に二時間近く続いたようだ。その翌年には、真夏に巨大な寒波によってすべての生物が凍る夢を、何度も見たとも語っている」

どうも話が怪しくなってきた。

「どういうことですか？」

「ユングも、なぜこのような幻覚や夢をみたのかを理解できなかった。自分がおかしくなったのではないか、精神を病んでしまったのではないか、そんなふうに考えたらしい。しかし、それから数ヶ月後に第一次世界大戦が始まると、その幻覚や夢を見なくなったという」

「つまり……？」

「ユングは、この夢や幻覚を見たのは、自分がおかしくなったのではなく、無意識のうちにヨーロッパの危機を感じ取っていたからだと解釈している」

夢が未来を予言したとでもいうのだろうか。そんな話、小学生だって鼻で笑うんじゃないのか？

「なんだか胡散臭いですが……」

「信じがたいかもしれないが、ユングは自分の体験を素直に言葉にしただけなんだ。ユングは一般の人よりも直感の鋭かった人でね。実際、自分のところまでわざわざ訪れた外国の患者に対して、出会ってすぐに相手の抱える問題に気がつくこともあった。

しかも、そのまま話すと相手に言葉が届かないと考え、九年間の歳月をかけて相手と信頼関係を築いてから、治療を始めるような、忍耐強い人でもあった。他にも『傷ついたものだけが相手を癒せる』なんてことも言っている。この言葉から彼がどのような人であるのか、少しは見えてくるだろう」

「……患者に寄り添って診てくれる、いいお医者さんなんですね」

先生は頷くと、それまでの話をまとめるように言った。

「ユングは、幻覚を見るという不思議な経験をきっかけとして、自分を省《かえり》みることで自らの道を歩みだすことになった。それも四〇歳を超えてからの再出発だ。ユングを見れば、誰だって年齢に関係なく歩み始めることができるってことを教えてくれる。

さて、今回授業で扱ったのは『人間と象徴』だ。この本は、ユングと彼の仲間四人が分担して書いたものだ。ユングが担当しているのは初めの第一章の部分になる。彼が初めて一般人向けに書いた本であり、死ぬ十日前に書き終わったこの本は、人々に残したユングからの最後の言葉《メッセージ》として受けとるのがよいのだろう」

授業　ユング『人間と象徴』

アカリとタカヒロの二人は授業が始まる前、今回扱う『人間と象徴』について感想を言い合っていた。

内容は面白いという点では意見が一致したが、書かれていることがどこまで正しいのかということで、意見が分かれているようだ。タカヒロは夢が将来を予見したり、夢が神話や宗教の逸話《いつわ》と似ていると書かれたりしていることが疑わしいと感じている。それに対し、アカリは夢にはいろいろな意味があることを疑っていなかった。アカリ自身は、幼いころから同じ夢を繰り返し見ており、この本を読んで、今までの自分のモヤモヤを解消できたと話している。

話し合っている二人を見ながら先生は席に着いた。

「二人とも何やら話が盛り上がっているな」

「アカリちゃんが、ユングのオカルト話を信じているんですよ」と、タカヒロが大げさに言うと、アカリは冷静に言い返した。

「ユングの話はオカルトでしょうか？　私はユングの語ることは好きですけど」

先生は二人の様子を見て、今回の本を選んだのは正解だったと思ったかのように、にこやかな表情で言った。

「そうかい、そうかい。ユングの話に興味を持ってくれているようでなによりだ。それでは、二人のその疑問に答えるために、さっそく授業に入ろう。ある教授が不思議な夢を見て、ユングのところに駆け込んできた話だ」

先生は『人間と象徴』を本棚から取り出し、声を出して読み上げた。

> 私は、ある教授が突然幻像《ヴィジョン》を見て、自分は正気ではないと思ってやってきたことを、ありありと思い出す。その教授は、完全なパニック状態で私のところへやってきた。私はただ、四百年前の本を棚から取り、彼が見たと言う幻像《ヴィジョン》がそのまま描写されている古い木版画を彼に示した。そして、「あなたが自分を正気ではないと思う理由は全然ありません」と言った。「あなたのそのような幻像《ヴィジョン》は、四百年も前から知られているものです」。そこで彼は、気が抜けたように坐ったが、ふたたび正常にかえった。
>
> （『人間と象徴』）

「この時、教授に見せた四百年前の木版画が、ここに載っている」

その木版画には、王冠をかぶって太陽の上に立っている男性と、王冠をかぶって月の上に立っている女性が互いに花を手渡しながら向かい合って描かれ、その二人の間をハトが垂直に落ちていた。

「さあ、この話を聞いてどう思った？」

先生の問いかけに対して、タカヒロは困惑しながら答えた。

「なんなんだこの絵は、って感じですよ。太陽や月のようなものに顔が描いてあるし、なんで裸で向かい合っているのかもよく分からない。いきなり、こんな夢を見たら教授も自分がおかしくなったと、考えてしまうのは想像できますけど……。そもそも、この話って作り話じゃないんですか？」

「なぜ作り話だと思ったんだ？　ここでユングが作り話をする理由はないと思うけど」

「へんてこな夢だっていうのもありますけど、そもそも教授が、夢に出てきた幻像とそっくりな木版画を見せられただけで、気持ちが落ち着くなんてことありえます？　なんかできの悪い創作っぽいです」

「たしかに教授の様子の変化は、ちょっと変わっているかもな。アカリはどう思った？」

「自分の夢の中に自分の知らないことが出てくる程度で、なんで取り乱したんでしょうか。そんなのは普通ですよね」

「え、それって普通なの？」と、タカヒロは心底驚いた。

「タカヒロさんは、変わった夢を見ないんですか？」

「見ない、見ない。怖かった夢は見たことあるけど、変わった夢は見ないね。大切なプレゼンの前とかで大きなストレスがかかっている時とかに、何かの発表で失敗する夢を見たりとかね。二度と見たいとは思わないけど、想像の範囲内の夢しか見ないな」

「えー、羨ましい！」

二人の話がいいところに来たのを見計らい、先生は話を続けた。

「二人とも夢を見ている事実は変わらないのに、その理解は大きく違うようだな。では、そういった夢をユングはいったいどのように扱ったのか。特に教授が見た幻像の夢についてどのように考えていたか。それを知るためにユングの夢に関する見解を確認しておこう」

先生は手元にある本を開くと、ユングが語る一般的な夢の機能について解説を始めた。

「ユングによると、夢は意識的な心の欠陥や歪みを補償するものだという。それを説明する一つの事例として、自分の殻にこもりがちで、行動に移せない若者が見た夢を紹介している。

その若者は夢の中で、数人の仲間とともに広い野原を馬に跨《また》って横切っていた。すると、目の前に水で満たされた堀が出現し、行く手を阻まれてしまう。周りの人たちはこの障害を越えようとするが、越えることができなかった。しかし、夢を見ている若者だけがその堀を飛び越えることができた。

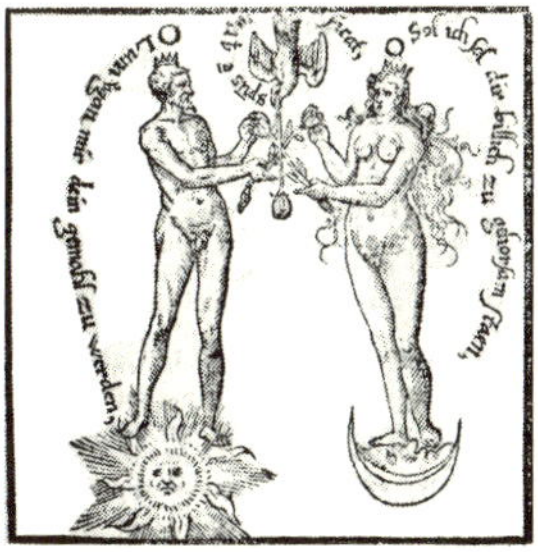

C.G. ユング『人間と象徴』より Artis auriferae, quam chemiam vocant

そんな夢だった。

ユングはこの夢について、現実では行動に移せず悩んでいる青年が『自分なら、周りの人が越えることができないような障害であっても、飛び越えることができる』という無意識からのメッセージを、夢という形で受け取ったと考えた」

話を聞いたアカリは言った。

「夢に気づかされることってありますよね。タカヒロさんの夢じゃないですが、ピアノの発表会が迫ってくると、緊張している夢を見て、あぁ、自分って緊張してるんだって気がついたりするんです。それで肩の力が入っているから、抜かなきゃって意識しますね」

「あれって、そういう意味なの⁉　悪い夢見たなぁ、て思うくらいで、夢が何か伝えてくれているなんて、考えたことなかったよ」

夢に対する二人の対照的な姿を見ながら、先生はアカリに該当箇所を読むように頼んだ。


夢が補償の役割をはたすということは、すでに述べてきた。この仮定は、夢が正常な心理的現象であり、無意識の反応や自然発生的な衝動を意識に伝えることを意味している。多くの夢は、夢を見た本人の助けをかりて解釈することができる。夢を見た人が、夢で見たイメージに対する連想と夢のイメージの背景を語ることで、夢のさまざまな側面を探ることができる。

（『人間と象徴』）

「夢の補償の目的は、夢を見ることで現実に立ち向かう意識と無意識のバランスを取り戻すことだ。先ほど話した若者やアカリの夢のようにね。ただ、多くの夢というものは、水を熱したら沸騰するような自然法則と違って、夢を見た本人に話を聞かないと理解できないことを指摘する。続きをタカヒロが読んでくれ」

この〈見た夢について本人に聞く〉方法は、通常の事例では適切である。たとえば、親戚や友人、あるいは患者が会話の中で話す場合だ。しかし、強迫的な夢や情動的な夢の場合、通常、夢を見た人の個人的な連想だけでは、十分に満足できる解釈はできない。そのような場合、最初フロイトが観察し言及したことであるが、夢の中に個人的ではないものとか、夢を見た人の個人的な経験から引き出すことのできない要素が、ときおり生じるという事実を考慮に入れなければならない。

それらの要素は、前に述べたように、フロイトが「古代の残存物」と呼んだものである。つまりその存在は、夢を見た個人の生活からはどうやっても説明することができない、人間の心の原初的、生得的で、遺伝的な形態であるように思われる。

人間の身体が臓器の博物館であり、それぞれに長い進化の歴史があるように、心も同じように組織化されていると考えるべきであろう。

（『人間と象徴』）

「しかしながら、悪夢のような強迫的な夢や、一時的に強い感情を呼びおこす夢は、見た本人の経験を探っても理解できないことがある。大学教授が見た不思議な夢もその一つだ。

ユングは、そういった本人も理解できない夢を見る仕組みが、人の心臓が進化の過程で形作られ遺伝していったように、進化の過程で生じ、生まれた時から心に備わっているものだと言っている。タカヒロはどう思う？」

「やっぱり信じられないです。結局、心って脳じゃないですか。そもそも、僕はこういった夢を見ないですからね。こんなに夢のことを考えないといけないのは、大変だなぁと思っちゃいました」

タカヒロの素直な感想を聞くと、先生は「ハハハ」と笑った。

タカヒロは話を続けた。

「ユングの理屈は分かりますよ。特定の夢を見る機能が遺伝し、生まれつき変わった夢を見るって話ですよね。だから、四百年前の木版画に描かれたものを教授が夢で見てもおかしくない、っていう話ですよね。う〜ん……、理屈は分かるんですけどねぇ」

その発言を受けて、アカリは言った。

「タカヒロさんは夢をあまり見ないから、そんなこと言うんですよ。何度も同じ夢を見たり、嫌な気持ちになる夢を見れば、ユングの言っていることは共感できます。昔から、私も自分でもよく分かってないですけど、いろいろなところでネギを引き抜く夢を見るんですよね。やっぱり、こういった夢をみたりすると、いったいどういう意味だったのか、毎回スマホで調べちゃったりしますよ」

「え、そんなことを調べるの？」とタカヒロは大きな声で言った。

「気持ちが悪いのは嫌じゃないですか。とはいっても、自分にとって都合のいい解釈を見つけて、終わりにしちゃいますけど」

タカヒロは体を机から少し離し、アカリの方をじっと見た。

アカリはいつもと変わらない。

二人の顔つきを見ながら先生は話を続けた。

「自分たちの夢については、ひとまず置いておこう。まず、ユングがどのようにして、ある種の夢は遺伝的なものだと判断したのか整理してみよう」

先生はそう言うと紙を取り出し、書きながら話し始めた。

「夢の中には、見た人の経験では解釈できない夢がある。これはユングが多くの患者や自分自身の経験から認めた事実だ。

この事実を理解しようとした過程で、過去の絵や神話の中に、夢の中で出てくるイメージと似たものをいくつも発見した。その事実から、一つ筋の通った理解、夢が遺伝的に伝わると判断した。今の話を書いてまとめてみよう」

事実①　夢の中には見た人の経験では解釈できないものがある

事実②　過去の絵や神話の中に夢の中に出てくるイメージと似たものがある
判断　夢は遺伝的に伝わる

タカヒロは、先生の書いたものを写したが、どうにも納得できなかった。

「つまり、個人の経験で説明できない夢があるから、遺伝のレベルで考えるということですよね？　でも、それだと客観性に乏しい気がします。こんなのオカルトですよ」

「君みたいな反応をユングは当然予想していた。だから、一人だけの体験ではなく、今も昔も同じようなことが起きている事例をたくさん調べた。そうやって客観性を確保しようとしたってことだろう」

「たしかに、そうなんでしょうけど……。今と過去の類似性を結び付けるなんて、オカルト的と言うか、こじつけなんじゃないでしょうか」

「そういうことは、個々の事例を一つ一つ確認しないと断言できないな。ただ確かなのは、現代と古代のイメージの類似性が、ユングの独特な解釈を支えているという事実だ」

「それは、そうですけどねぇ……」とタカヒロの生返事を聞くと、先生は「こういったことを詳しく検証するには、その分野をぎっちりと勉強しないと、正確なことは何も言えないものだ」と答え、いったん休憩を挟もうと言った。

タカヒロは、夢のことならだれでも同じように感じていると思ったのに、隣にいるアカリとさえ意見が違うことに驚いていた。夢の意味をネットで調べるなんて、思いもよらなかったと話す。

一方アカリは、夢に対してこれほどに無頓着な人がいることに驚いていた。

◇ ◇ ◇

「ユングのことを理解するために、彼の経歴をざっと見ておこう」と先生は言うと、ユングの年表が書かれた紙を二人に渡した。

一八七五年（　〇歳）　ユング、スイス連邦トゥールガウ州に生まれる

一八九五年（二〇歳）　スイスのバーゼル大学医学部に入学

一九〇〇年（二五歳）　フロイト『夢判断』出版

　同年　スイス、チューリッヒのブルクヘルツリ精神病院で助手になる

一九〇七年（三二歳）　はじめてフロイトに会う

一九一三年（三八歳）　フロイトとの関係が悪化し、決別

　同年　旅行中に、黄色い洪水がヨーロッパを襲う幻覚をみる

一九一四年　（三九歳）　国際精神分析学会会長を辞退し、社会から孤立
　　同年　　　　　　　　真夏に寒波で生物が凍る夢を見る
　　同年　　　　　　　　第一次世界大戦勃発
一九六一年　（八五歳）　『人間と象徴』のユング担当部分が脱稿
　　同年　　　　　　　　没
一九六四年　　　　　　　『人間と象徴』出版

アカリはユングの年表を見ながら言った。

「ユングは前に学んだホイジンガとほぼ同時代の人なんですね。この時代って、本当にいろいろな人がいたんですね」

「そのようだね」先生が頷きながら答え、解説を始めた。

「ユングの生涯は、およそ四〇歳を境にして、前半と後半に分けることができる。まず人生の前半は、スイスの小さい町に生まれ、バーゼル大学で医学を学んだことからはじまる。ユングは大学を卒業すると、スイス最大の都市チューリッヒの精神病院で働き始めた。働きながら心理実験をしていくうちに、フロイトの『夢判断』を熟読し、書かれた内容に賛同する。これが縁となって、ユングが自分の書いた著作をフロイトに送り、手紙でのやり取りがはじまった」

先生はそう言うと、フロイトの『夢判断』を本棚から取り出し、アカリに手渡した。

「ユングとフロイトが初めて会った時には、すぐに意気投合し、二人は十三時間休みなしに話し続けたと言われている。その後も文通でやり取りを続け、ともに国際精神分析学会を設立したり、お互いアメリカでの講演に招待された際には、一緒に七週間のアメリカ旅行をしたりした。

しかし、次第に二人の考えが根本のところで異なることが分かってくると、関係に溝ができはじめた。ユングが四〇歳手前になる頃、彼がフロイトの理論の一部を否定することで、二人は決別してしまう。このとき、国際精神分析学会の会長を辞退するなどして、ユングはいったん社会から孤立していく。ここまでが彼の前半生だ」

先生は二人がメモを書き終わるのを待ってから、話を続けた。

「ユングの後半生では、本格的に経験が深まり、この本に書かれたような興味深いことを語り始める。ただ、その多くの内容は、専門的な書物として書かれていたため、一般の人が読むのには適さないものであった」

先生は、『人間と象徴』を指さしていった。

「ところが、この本の編集者の奮闘や絶妙なタイミングもあって、ユングが初めて一般の読者に向けて書いたのが、この『人間と象徴』になる。この本はユングが八五歳の時に執筆されたもので、彼の四十年以上の研究成果だと考えていい。さらに、ユングが亡くなる十日前に原稿が完成し、彼が世に残した最後のメッセージにもなっている」

　ユングの生涯を聞いたタカヒロは、感想を言った。

「四〇歳から本格的に考えが深まったと聞くと、ちょっと遅い感じがしますね」

「誰であっても自分の人生を進んでいくことに遅いなんてことはない。ユングのことを見ているとそう言えそうだ」

◇　◇　◇

　先生は次に時代について語り始めた。

「ユングを理解するには、彼がどのような時代に生きていたのかを知っておいた方がいい。だから、今回は彼が生まれる前に遡《さかのぼ》って話しておこう」

　先生はそう言うと、コーヒーを一口飲んでから話を始めた。

「ヘーゲルの死を境にするように、一九世紀初めごろ、学問の分野では事実によって証明できないことは存在しない、といった実証性を求める声が急激に高まっていった。ついには、物質的な現象において検証できないものは存在しない、とすら主張されるようにまでなっていく。

このような流れは、自然科学の大きな発展の結果だけではない。フランス革命後の混乱を収めるため、証明できない自由や平等といった理念ではなく、現実を分析し、実証できることに基づいて社会に秩序を戻そうとする流れでもあった」

「そういう考え方は分かります」とタカヒロは頷きながら答えた。

「タカヒロが受け入れているように、この客観性と普遍性を求める流れは現代まで続いている。しかし、実証できないことは考えなくても良いとする考え方は、大きな問題を含んでいる」

「大きな問題ですか？」タカヒロは眉をひそめて言った。

「そうだな、アカリは、なんで文学を学ぼうと思ったんだ？」

「え、なんででしょう？」

思いもよらない質問をされ、アカリは驚き、少し考えてから答えた。

「なんとなくです。本を読むのが好きですし。そこに何かあるんじゃないかと思ったんです。そんな確かなものはないですよ」

「その『なんとなく』、『何かがあるんじゃないか』といった、その心の動きこそが大切なことなんだ」

「理由がないのにですか？」タカヒロは聞いた。

「しっかりとした言葉になっていないだけで、何かを求める欲求はある。もし、実証主義の立場から、その欲求は実証できそうにないから存在しない。そんな気持ちは君の妄想でしかない。さらにいえば、文学部に行くのは無駄だ、なんて言われたらどうする?」

「なに言ってんだ、私の気持ちはここにある!」

明るくバッサリとアカリは言い切った。

「ハハハ」先生は笑って言った。「アカリの気持ち、あるいは精神や心はそこにある。無視していい理由はない。そんなアカリのような気概を持って、実証できない精神を扱おうとする学者の中から、精神分析学の創始者フロイトやユング、アドラーといった人たちが生まれてきた」

「へぇ~」

「このような社会の流れの中で生まれたフロイトやユングの心理学では、**それまでの社会では当たり前と思われていたことに向き合う**ことになる」

「当たり前ですか?」

「それは、社会に秩序をもたらしていた国家やキリスト教といった価値観だ。同時に、信じることができなくなった自我と向き合うことを意味していた」

「よく聞きますけど、その自我って何ですか?」とアカリは聞いた。

「自我とは、ユングの理解を借りるなら『意識的な心の中心』であり、つまり自意識や自己意識といった『わたし』と呼ばれているものだ。彼らは価値観のよりどころを失った自我を含む自己と向き合い、今まで以上に人間の可能性を広げようとした人たちだ」

眉をひそめながら、どうにか理解しようとアカリが質問をした。

「ムズカシイ！　可能性を広げると言ってもよく分かりません！　そもそも、どうして当時の人たちって、価値観を失っていたんですか？」

「今の君たちと同じだよ。簡単に言えば、国家に従って生きるべきだ、と言われて納得できるのだろうか？　あるいは、神様がいるからあなたは生きている、と言われて、そこで考えをやめることができるのだろうか？」

答えられそうな質問の部分だけ、アカリは答えた。

「国のために生きることが人生の目的だと言われると、さすがにちょっと違うんじゃないかと思います。こんなことは平和だから言えるんでしょうけど」

先生は「そうだな」と頷きながら話を続けた。

「ユングやフロイトの時代に生きた人々も同様で、アカリのように国家や共同体などの価値観を信じられなくなっていたんだ。

しかし、いくら信じられなくなったからと言って、それで済むものではない。それまで信じていたものが占めていたところを他の価値観で埋めることもできず、人間は内面にぽっかりと空白を抱えてしまう」

「う〜ん、やっぱ難しい！　ヘーゲル先生、その内面の空白について、もう少し具体的に説明してもらってもいいですか?」とアカリが言った。

「そうだな、話をもう少し身近にするために、最近の自己啓発本の現状から考えてみようか。でも、ちょっと疲れたから、ここで休憩を入れよう」

先生はコーヒーを一口飲み、二人は伸びをした。


タカヒロが、出張で地方に行った際に買ったお土産を先生に渡すと、先生はその場で開け、「みんなで一緒に食べよう」と言った。三人で、お菓子を食べながら雑談をしていると、アカリがタカヒロの目の下にクマができているのに気がついて、心配してどうしたのか聞いてみると、「激務」と一言返ってきた。

◇
◇
◇

「世の中では自己啓発本っていうものが流行っているだろ」と先生は話し始めた。

「自分もたまに買っちゃうんですよね」

「え、タカヒロさんって、そういう本も読むんですか⁉」とアカリは驚いて言った。

「結構読むよ。読んだことで何か変わるわけではないけど、三日くらい効く栄養ドリンクって感じで、買っちゃうんだよ。何かやるぞっていうエネルギーをもらえるからね」

「それって、無駄じゃないですか?」

「いや、そんな、う~ん、無駄じゃないと思うよ?」

アカリの疑問にタカヒロが困っている。

その姿を見ながら、先生は本題に入った。

「タカヒロは、よく目にしているだろうが、本屋には自己啓発本が所狭しと並んでいるだろ」

「多いですね。仕事に関わるものだけでなく、お金関係の本や人間関係といろいろ並んでます」

「本を読んで、何か自分に答えてくれそうなものを探すとき、堅苦しい哲学は難しくて分からない。古典は読むのに時間がかかる。文学では何か頼りない。だから何か自分に答えてくれそうな自己啓発の本を買って読む。想像すると、そんな感じなんじゃないかな」

「そんな感じです」とタカヒロが頷きながら「何か生きるヒントや答えがあるんじゃないかって思って、買うんですよ。特に仕事で弱っているときなんか買っちゃうんです」と、目の下のクマを指しながらそう答えると、先生は笑いながら言った。

「ハハハ、いやだねぇ。でもタカヒロのように、実務に使えることではない、何かを知りたいという気持ちは、内面の空白からくる欲求だ」

その説明だけでタカヒロは「あぁ」と言って腑に落ちたようだが、アカリはまだピンとこなかったので、先生に質問をした。

「ヘーゲル先生、私はどうもよく分かりません。内面の空白って、具体的には何なんでしょうか？」

「アカリは文学部に入学したが、何をすればいいのか分からないと言って、ここに来ただろ。その『分からない』というのが空白からくる欲求だ。空白は真空のようなもので、その空白には何かで埋めようとする力が働く。人によっては、その力を感じた時、『人生はこのままでいいのか』という問いを発する人も出てくる」

「大学でこのまま勉強しているだけでは、不安だし、もの足りないんです。だからと言って、すべてを捨てて、自分探しをするのも何か違う気がして……。空白ってこのモヤモヤのことですか？」

「そういったことだ。もう少しざっくり言えば『私って何？』と言い換えてもいい。あるいは充実した生活をするために『私はどうすればいいのか？』や『私の人生はいかなる意味を持っているのか』と言い換えても良い。こういったことは《人間とは何か》といった問いでもある」

アカリは予想もしない大きな話題となり、困った顔をした。

「そんな疑問に答えなんてあるんですか？」

「答えのない疑問にユングたちは勇敢に立ち向かっていったんだ。そういった空白を埋める欲求を抱えながら、患者の治療を通して無意識であったり、夢について様々なことを研究していった」

「つまり、その空白を埋める答えはないってことですよね？」

アカリの眉間にしわが寄っているのを見て、笑いながら先生は言った。

「ハハハ。そんなに悩むもんじゃない。私はこれだ、と分かった瞬間には、違う悩みが生まれてくるものなんだから」

「う〜ん、禅問答みたいでよく分からないです。もっとヒントをください！」とアカリが言ったので、

「ヒントか。そうだな、人によっては、宗教のような自分を包んでくれるものを求める人も出てくる。あるいは、**心動かされるような個人の経験が、空白に対する答えになる**人も出てくるのだろう」

「心動かされる個人の経験ってなんです？」

「たとえば、ここに来ていたある生徒は、『世界中を旅したが、どこに行っても人しかいなかった』と言っていた。他の生徒は、アメリカである建築家の設計した建物に入ったとき、『人間ってこんなことができるのか』と心底から驚いたという。あるいは、たまたま手に取った受験の参考書に書かれていた解説を読んで『本はこんな読み方ができるのか』とつぶやいていた人もいたな」

「う〜ん、どうすればそんな経験ができるんですか？　どうにも想像できないのですが」とアカリが言うので、

「それは、ユングが取り上げた、不思議な夢を見た教授の態度がヒントになるはずだ」と答えた。

タカヒロが「こうやって、ユングが時代の流れに逆らってでも、人間の可能性を信じて歩んだ姿を見ると、単にオカルトと片付けられないですね」と言って先生と雑談している姿を、アカリは横目で見ながら、保温ボトルに入れて持ってきた紅茶を飲むことにした。

◇　◇　◇

「もう一度、冒頭の話に戻ってみよう」と先生は言って、教授の話を再度読み上げた。

私は、ある教授が突然幻像《ヴィジョン》を見て、自分は正気ではないと思ってやってきたことを、ありありと思い出す。その教授は、完全なパニック状態で私のところへやってきた。私はただ、四百年前の本を棚から取り、彼が見たと言う幻像《ヴィジョン》がそのまま描写されている古い木版画を彼に示し

た。そして、「あなたが自分を正気ではないと思う理由は全然ありません」と言った。「あなたのそのような幻像《ヴィジョン》は、四百年も前から知られているものです」。そこで彼は、気が抜けたように坐ったが、ふたたび正常にかえった。

（『人間と象徴』）

「では、教授がなぜ落ち着いたのかを、この話から分かる事実でまとめてみよう」

そういって、先生は紙に書いた。

事実① 教授は自分の思いつかない幻像を夢の中で見た

事実② ユングは教授の話を聞き、教授の夢と同じ幻像が描かれた四百年前の木版画を見せた

事実③ 教授は気が抜けたように座り、正常に戻った

書かれたものを見たアカリが感想を言った。

「はじめにタカヒロさんも言っていたように、木版画を見て正気に戻るのって不思議ですね。私だったら、気持ちが落ち着くより、驚きの方が先に来ると思うんです」

アカリの発言を聞いた先生は、アカリの方を向いて質問した。

「いいところに気がついたな。では、ユングはどういった意図で、教授に絵を見せたのだろうか？」

アカリは先生の質問に少し考えてから答えた。

「たぶんですけど、教授がパニック状態で来たので、まずは冷静になってもらうために、木版画を見せたんだと思います」

「では、冷静になった後、教授にどうなって欲しかったんだろう？」

「どうですか？　う〜ん……、夢と同じ絵があるのだから、驚いたり、不思議に感じたりして、考えてもらいたかったんじゃないでしょうか」

「しかし、ユングの意図に反して教授は考えずに、安心して話が終わってしまう」

「なんでなんでしょう」とアカリは首を傾げた。

「なんでだろうねえ、タカヒロはどう考える？」

先生はタカヒロの方に顔を向けて質問をした。

「あー、今の二人の話を聞いて分かったかもしれません。たぶんですが、この教授は前例があるなら自分はおかしくない、と判断して考えるのをやめたんでしょう。こういう人は仕事をしていても結構いますから。

前にやったことがあるから大丈夫と言って、中身を確認せず安心しちゃって、後で問題を引き起こす人がいるんですよ。そのせいで、周りがフォローすることになって、僕は目の下にクマができるんです！」

　タカヒロは堰を切ったように言った。

「ハハハ、そりゃ災難だったな」

「本当に嫌になります」

「タカヒロの会社の人のように、前例があるから自分はおかしくないと判断して、その先まで考えない人がいてもおかしくない。教授もそうであったのだろう。

　さらに踏み込んで想像すれば、前例があるなら科学的に、あるいは普遍的に考えることはできる。そう考えることができると思って教授は安心してしまい、自分で見た奇妙な夢も、目の前にある四百年前の木版画も、忘れてしまった」

「忘れてしまう？　そんなことあるんですか？」とアカリが言うので先生は答えた。

「タカヒロの例もあるように、こういったことは誰にでも起こりうるものだ」と先生は答えた。

「ふ〜ん」

　アカリが適当に話に相槌を打った姿を見て、先生はアカリの方に顔を向けて言った。

「どうやら、アカリは信じていないようだけれど、この教授の踏み込まない態度こそが、心動かされる体験ができなくなる理由なんだぞ」

　先生はニヤリとしながら言った。

「そうなんですか?」とアカリは言った。

「教授の態度を見て、気持ちが落ち着くより驚きの方が先に来るんじゃないかって、アカリは言ったろ。しかし、教授には驚きは来なかった。なぜだろう?」

「う〜ん」とアカリが悩んでいると、先生は答えた。

「それは、**教授は自分の理解できる範囲で理解しようとした。その結果、目の前のことに驚くことができなくなってしまった**ためだ」

先生の話を聞いたタカヒロは、アカリの方を向き、ニヤリとして言った。

「つまり、アカリちゃんの『ふ〜ん』って態度ですね」

「え、どういうこと……?　あ……、私が教授のことが分からなかったから、そこで考えるのをやめたってこと?　ウソ、全然意識してなかった……」

アカリはがくりと崩れ落ちるように答え、その姿を見ながら先生は言った。

「ハハハ。そうならないために、見たいものだけを見ようとせず、目の前の現実を見ようと意識することを習慣づければいいだけだ。簡単、簡単」

「絶対、絶対に簡単じゃないです。これは!」

アカリが強く抗議している横で、タカヒロは「分かる、分かる」と頷いていた。

授業解説

見たいものを見ていたことに気がつく

授業の話を聞いて僕は言った。

「この教授って僕みたいですね」

「どうしてそう思ったの？」と先生が訊ねてきた。

「教授の見たいものだけを見る態度って、前に小林と喧嘩したとき、僕が好きなことを仕事にした方がいいと言ったのと同じだと思うんです」

「どうしてだい？」

「仕事って、当たり前ですけど一人でするものじゃない。お客さんだって、同僚だっています」

「そうだな」

「それなのに、そんなことを無視して、好きなことを仕事になんていう価値観からしか、世界を見ていなかった。僕は自分一人だけのことしか考えていなかった。自分の見たい世界だけを見ていた。そして、考えるのをやめてしまっていた。これは教授と一緒です」

「ほぉ」先生は感心するように言った。

「しかも、僕の場合、小林の話している仕事について聞く耳なんか持たず、さらに言えば、自分の価値観をアイツに押しつけていたんですから、教授よりもたちが悪いです」

先生は目を大きく開き「今日はやけに冴えているな」と言った。

僕はいままで、自分が信じたいものしか見ていなかった。なんとも愚かな行動だ。そして、その原因についてもユングの話を聞いた今なら分かる。

それは、自分がそれまで考えていたことが間違っているのが怖かったからだ。自分の考えを変えるのも怖かった。何よりも相手に関わるのが怖かった。

たぶん、教授も夢の中に含まれる現実を考えるのは怖かったんだろう。だから、不思議な夢を見て、目の前に同じ幻像が描かれた四百年前の木版画を見せられても、その不思議な関係に目をやることができなかった。自分のそれまでの考えが崩れるのを嫌がった。

いま思えば、小林に「一緒に起業しないか」と言われて、話をごまかした時も同じだ。それまでの自分の人生が足元から崩れる気がした。だから逃げた。

僕は自分の問題点がくっきりと浮き彫りになったことに気がついた。

だからこそ、小林の今の態度に憤りを覚えた。

「小林が変なビジネスをやろうとしているのも、僕と同じように、自分の見たいものを見ているからだと思うんです。自分の信じたいものしか見ていない」

「話を聞くかぎり、どうもそのようだな」と先生は言った。

「どうすれば小林は気がつくんでしょうか？」

「こういったことは、自分を振り返って、自分で気がつくしかない」

先生の言っていることは正しい。でも……、

「僕は先生が話してくれたから、気がつきましたよ」

「たしかにそうかもしれない。誰であっても、相手がいなければ自分のことは見えないものだ。しかし、それでも最終的には君が、自分で自分のことを振り返ったからこそ、自分の問題点に気づけたんだろ？」

「そうかもしれませんけど……」

「だから、君が小林君に何かきっかけとなる話をしてやれば良いんじゃないか？」

先生の言うことは分かる。ただ、僕にアイツに言う資格なんかあるのだろうか。同じような罠にハマっていた僕に、言葉をかける資格があるのだろうか。

そもそも、アイツなりに自分の殻を破ろうとしているだけで、自分なりの生き方を探している途中なのではないか。小林は僕とは違うやり方で、自分の間違いに気がつくかもしれない。むしろ、自分で気がついた方が、アイツの今後の人生のためになるのではないか。

僕が黙って考え込んでいると、先生は手をパンパンと叩いて、

「そうやって難しい顔になっても、いい答えは浮かばないもんだ。まずは、小林君の理解の狂い

から見ておこう。今の君なら事実を選んでいるということが、どういったことか分かるはずだ」

事実には「選ぶ」という判断が含まれる

「もう一度、小林君が話していたことを見直してみようか」

先生はそう言うと、授業の話をする前に書いた紙を僕の前に置いた。

事実　　社会の変化は速い
判断　　自分で考え、自分で稼げる力が必要
最終判断　副業で変わったビジネスをした方がいい

「そもそも、なぜ君の友人は、『社会の変化は速い』という事実を取り上げたんだろう?」

「自分に関わる大切な話題だからじゃないですか?」

先生の質問の意図がよく分からなかったので、質問を質問で返してしまった。

「自分に関わる話であっても、その出来事を取り上げるのは、君の友人の判断だ」

「取り上げる?」

「どんな事実であろうとも取り上げれば、その人の判断が入るものだ」

判断が入るとは、一体どういうことだろうか。

僕はまだ話の全容が見えてこず、黙っていると、先生は話を続けた。

「たとえば、地球ではリンゴが地面に向かって落ちるのは事実だ。でも、君と友人の会話で、リンゴが落ちてくる事実は取り上げられなかった」

「そんなの当たり前じゃないですか。関係のない話を途中でされたら怖いですよ」

「では、なんでその変わったビジネスの話をしているときに、リンゴの話ではなく、社会の変化の話題を選んだのか？」

「はじめに言ったように、関係がある話だからですよ」

「そう、君の友人は関係のある話だと思って、『社会の変化が速い』という話題を選んだ。つまり、**取り上げたこと自体に判断が入っている。**たとえ取り上げた話題が、多くの人に受け入れられる事実であったとしても、選ぶという判断が入ってくる」

「選ぶという判断……」

そのようなことを一度も考えたことはなかった。

「そう言われて考えると、小林が『世界はグローバル化し、世界は身近になっている』という話題を選んでいてもよかった気がしますね。そうすれば、それが本当のことか確かめるために、海外旅行に行ってみよう、という話になったかもしれない」

「そうだろ」と先生は頷いた。

先生の言うように、どういった話題を、どういった事実で選んだかで全く違う話になっている。

はじめのうちは、小林の判断は怪しい気がしていたが、アイツの取り上げた話題それ自体について、疑ったことはなかった。

では、なぜ小林は社会の変化が速いという話題を持ち出したのだろうか？

おそらく、小林はシショーと呼ばれる人から教わったことを、何も考えずにそのまま僕に伝えたのだろう。事実を選ぶという意識を持たずに、僕に話したに違いない。

「話が事実かどうかを気にする人は多いが、事実を選んでいることに注目する人は少ない。また、教授が自分の見た夢と四百年前の木版画が一致したという事実に目を向けず、前例があるなら対処できるという自分の考え方を選んでしまったりすることもある。誰だって、人は自分の得たい事実だけを選び取ってしまうものなんだよ」

「何をどこまで伝えるか」は悩ましい

「なんとなくですが小林の問題点、もちろん僕のまずい点もですけど、それが見えてきました。結局のところ、自分たちの見たいものしか見ていない。でも……」

「でも？」

「僕が気がついたことを小林に話しても、アイツは聞く耳を持たないと思うんです」

「そうなのかい？」

「友達からいきなり『お前は自分の信じたいものしか見ていない、事実を取り違えている』なんて言われても受け入れられないですよ。先生が今までいろいろな話を語ってくれたから、僕もやっと理解できたくらいですし……」

先生の話を聞いて冷静になればなるほど、小林は怪しい商品を扱っているのに、それさえ気がつかないほど自分が見えていない、ひどい状態に思えた。

「なら、君は小林君には何も言わないことにするのかい?」

先生の問いにすぐに答えることができなかった。

僕はそんな小林に、届く言葉を持っていないのは明らかだったからだ。

この問題から上手に逃げる方法にはすでに気づいている。

「ビジネスに誘うのをやめてくれ、俺は友人関係でいたい」と素直に話せばいい。

小林の人生なんだから、応援はしても口出しをしない。

小林が満足しているなら、それでいいじゃないか。

年を取れば、関係は変わっていくものだ。馬が合わなくなれば段々と関係をフェードアウトしていく。僕の人生とは関係ない遠い人として……。

だがしかし、今ここで友達を見捨てて、僕の人生は誇れるものなのだろうか。

眉をひそめて考え込んでいる僕に、先生はニヤリとしながら言った。

「**人は誰であれ、自分の課題と向き合う時がくる**んだぞ」

「自分の課題ですか？」

ヘーゲル先生の教え

心動かされるような個人の経験が、空白を埋める答えになる

「自分の課題がある」と意味深なことを言った先生は「今日の話は長くなりそうだ。いったん休憩を入れてから話そう。君が持ってきてくれたケーキを食べて休憩だ」と言った。

僕はキッチンに行き、お皿とフォークを二組持ってきて、ケーキを取り分けた。

7章 人生の課題

ケーキを食べながら、今までヘーゲル先生が話してくれたことを思い返していると、「そういえば、君が中学生の頃、このケーキ屋ができたんだったな」「そうですね。ここのケーキは昔から美味しいから好きなんです」「このケーキ屋の娘がヒナだ」「え、そうなんですか⁉」僕は思わぬ縁に驚いた。

「自分とは何か」という難問

僕は改めて先生に質問した。

「先程言っていた『自分の課題』ってなんですか？」

「自分と向き合うってことだ」

「全然話が見えないんですけど」

先生は一瞬考えてから、

「……この話もまた直接話しても納得しにくいものだからなぁ。そうだな、ユングの授業の後に扱った、精神分析家エリクソンの話で説明しようか」と答えると、「これも頂くよ」と言って、ケーキの箱に残っていた最後のシュークリームに手を伸ばした。そのシュークリームを美味しそうに頬張って食べる先生の姿を見ると、なんだか少しだけ心に余裕が生まれた。

深刻になりすぎたって、何にも解決しない。

先生は名残惜しそうに食べ終わると、僕のほうを向いて話しはじめた。

「エリクソンは、フロイトやユングといった心理学の系譜に属する人だ。ユングよりも二七歳若く、フロイトにとっては孫のような世代にあたる」

「エリクソン？　初めて名前を聞きました」

「そういう人も多いかもしれない。ただ、世の中にアイデンティティという言葉を広めたのは彼なんだよ」

アイデンティティって言葉ならよく耳にする。

「では、アイデンティティとは何だろう？」

「そんなの簡単ですよ。えーっと、あれ……」

自分自身であることというか、アイデンティティというか……？

「このアイデンティティという言葉を簡潔に説明することは案外難しい。たとえば、運転免許証やパスポート、会社の社員証を見せれば、その人だと認められるんだから、証明書がその人のアイデンティティだ！」

「う～ん……」

「といわれて納得できる人はいないはずだ」

「できませんね」

パスポートが自分自身の証拠だと言いたくない。

「アイデンティティとは、ざっくり言えば、『自分とは何か』、『自分は何になろうとしているのか』という問いに対する、自分なりの答えや自己認識のことだ。そのため、文脈に合わせて、自分の立場、自分の本当の姿などの意味になる」

「つまり、自分のキャラってことですか？」

「キャラと言ってもいいのだろう。私のキャラは誰にでも愛想のいい性格。辛い食べ物が好き。運送業の会社に勤めている。関東の大学の出身だ。といったものでもいい。ただし、アイデンティティは他の人からの評価ではなく、自分自身の捉える限りでの自分のイメージであり、社会の価値観との関わりの中で作られる」

「『自分の捉える限り』とか『社会の価値観』とか、なんだか回りくどくて、ややこしい説明ですね」

「この言葉の説明はどうしたってややこしくなる。というのも、このアイデンティティを確立することが、エリクソンにとって、人生の大きな課題だったからね」

「どういうことですか？」

自分探しの先にある問い——エリクソンの場合

「エリクソンにとって、子どもの頃から自分自身が何者であるか、つまり『自分とは何か』という問いに答えることほど難しいものはなかった」

先生はエリクソンの生涯について話し始めた。

「一九〇二年、エリクソンはドイツの中部に位置するフランクフルトで、父親が誰だか分からないシングルマザーの子どもとして生まれる。母親は黒髪で浅黒い肌を持つ、ユダヤ系デンマーク人であった。ところが、母親の特徴とは異なり、エリクソンの容姿は北欧系の色白で、ブロンドの髪と青い目を持つ、それは名前も顔も分からない父親の面影を引き継いだものであった。

エリクソンが三歳のとき、母親はドイツ南部のカールスルーエで出会ったテオドールという小児科医と再婚する。養父となるテオドールは褐色の髪色を持つ、小柄なユダヤ人であった。二人は結婚する時の話し合いで、テオドールがエリクソンの実の父親であると偽《いつわ》ることに決めた。

しかし、この嘘がエリクソンの人生に大きな影を落とすことになる。幼い時からエリクソンは、自分が親族の誰とも容姿が似ていないことに違和感を抱き、養父が実の父親であると信じることができなかった。また、ある日、彼がダイニングテーブルの下に隠れていると、大人たちは彼に気づかず、彼の本当の父親は芸術家だと話しているのを耳にしてしまう」

うわ、最悪だ。

こういった大人の何気ない一言であっても、小さい時の記憶って、強く断片的に残る。

僕も過去のことを思い出して、胸がチクリと痛んだ。

「エリクソンは家の外に出ても、困惑が続いた。北欧風の容姿やユダヤ人の家系で育ったため、ユダヤ教会に行けば異教徒と呼ばれ、ドイツの学校に行けばユダヤ人と呼ばれて仲間はずれにされた。さらに、親族の噂で、実の父親はキリスト教徒だと聞いていたので、自分の宗教にも確信を持てなかった」

「人種や宗教がいろいろごちゃごちゃしていて、何がなんだか分からなくなってきました」

「本人も同じように困惑した。母親や養父と同じようにユダヤ教徒であるのか、それとも実の父親のようにキリスト教徒であるのか。デンマーク人であるのか、それともドイツ人であるのか。自分の父親は誰なのか、自分の宗教は何であって、どこの国に属しているのか。

こういった問いがエリクソンに何度も突きつけられる度に、彼は『自分はコレだ』と答えたいという気持ちが強くなった。そのときの『コレ』がアイデンティティになる」

「……だから、アイデンティティという言葉は一言で表しにくいんですね」

先生は頷くと、コーヒーを一口飲んで、話を続けた。

「エリクソンは一八歳でギムナジウムを卒業すると、地元カールスルーエの芸術学校に入学する。しかし、出生の謎のせいで、家から離れたいと感じていた彼は、翌年には地元を離れ、ミュンヘンにある有名な芸術アカデミーに再入学した。その後、数年間ヨーロッパ各地を巡りながら、スケッチブック片手に何度も旅に出ることになる。

とはいえ、家を離れフラフラと放浪する生活を続けるエリクソンに、両親は気が気でなかった。彼は旅の途中に一通の手紙も出さず、たまに家に帰っては、また旅に出る、そんな生活だったたからだ。養父はこのような息子の態度にいらだち、早く腰を落ち着け、自分のやっている医者の仕事を継いで欲しいと願っていた。一方母親は、エリクソンが家に帰ってくると、養父に内緒で息子にお金を渡すなどして、見守っていた」

こうやって話を聞くと、愛情のある両親のように思える。

当時エリクソンはそんなことに気がついていなかったかもしれないけれど……。

「しかしながら、エリクソンは自分に色彩の才能がないことを悟る。アカデミーで芸術技法を学んでいるうちに、自分ではどうしても乗り越えられそうにない壁を感じとり、芸術の道に自分が向いていない、と考えるようになったのだ。

そうであったとしても、自分には何かしらの天職があるのではないか。どうにか芸術家への道はあるのではないか。そんな思いを抱えながら、エリクソンは、心の赴《おもむ》くままに放浪の生活を続けた」

「その旅の中で、エリクソンは自分の道を見つけることができたんですか？」と僕は訊ねた。

「いや、彼は何も見つけることができなかった。最終的に、その放浪生活も彼の心を満たすこともなくなっていった。イタリア中部の都市フィレンツェでの長期滞在を最後に、エリクソンは実家に戻ることになる。

ただ、実家に帰っても働く気力も起きず、それまでのように何かを描きたいという欲求すら感じられない、ふさぎ込んだ日々が続いたようだ」

どうやらエリクソンは、大きな喪失感を抱えて、引きこもりのようになってしまったようだ。

両親は心配したんだろうな。

「そんなとき、彼のもとに七年前にギムナジウムを一緒に卒業した親友から一通の手紙が届く。そこには、彼が新しく校長を務めることになるウィーンの小さな学校で、美術教師として働かないかと書かれていた。エリクソンはその誘いに乗り、学校で教えはじめる。この親友からの誘いは、彼の人生を大きく変えるきっかけとなった。というのも、この学校でエリクソンは精神分析と出会うことになるからだ。

この学校に通う生徒の大半は、心理学者フロイトの娘アンナの手によって、精神分析を受けていた。アンナはその治療の一環として、生徒の学校生活に関心を向けていると、エリクソンが生徒と上手に関係を築く姿を目にする。

その時、アンナはエリクソンに児童向けの精神科医としての将来性を感じた。そのため、彼に精神分析家になるための訓練を受けないかと提案する。彼はその提案をいったん保留するが、周りからの助言もあって、彼女からの提案を受け入れる。

要するに、両親との関係で悩んでいたエリクソンは、芸術家を目指すといった回り道を経て、たまたま友人との縁で精神分析と出会い、最後には精神分析家の道へと進んでいくことを決めた。この時、彼は二七歳だ」

「芸術に関しては、きっぱりと手を切るんですか？」僕は気になって質問した。

「そんなことないぞ。エリクソンは精神分析を学び始めると、この治療法は芸術とどこか似ていることに気がつく。相手を見て観察するところなど、どちらも視覚的要素が強いと考えたようだ。この芸術由来の観察力は、患者の治療方針を決めるときなどに力を発揮し、生涯を通して彼の歩む道を照らすことになる。本気でやったことは、思わぬ形で人生を支えてくれるものだ」

ルターと出会ったエリクソン

先生は「彼が精神分析を学び始めた後のことを、ざっくりと語っておこう」と言って、話を続けた。

「エリクソンは異国の地ウィーンで精神分析を学んでいるさなか、現代舞踊を学ぶカナダ人の女性と出会い、子どもを授かり、結婚をする。彼は天職とも言うべき仕事を見つけ、公私ともに充実していった。しかし、個人の幸福とは裏腹に、時代の流れはきな臭いものとなっていた。生まれ育ったドイツではナチスが台頭し、ヨーロッパでは反ユダヤ主義が広まっていたからだ。

ユダヤ人の血を引くエリクソンは、その危険な状況から逃げるため、妻と相談して一九三三年にアメリカへ移住することを決断する。その後、将来にわたってアメリカを拠点に活動し、イェール大学、カリフォルニア大学、ハーバード大学の教員を務めることになる」

先生はそこで言葉を止めて、後ろを振り返り一冊の本を取り出して言った。

「今から君に話すのは、エリクソンが書いた『青年ルター』という、ドイツの宗教家ルターを考察したものだ」

「精神分析医なのに、歴史上の人物の話ですか?」

僕はその意外な組み合わせに驚いた。

「なぜエリクソンがルターを選んだのか、理由ははっきりしていない。この本の序文にはきっかけが書いてあるが、正確なところは彼自身も分かっていないことを述べている」

「自分で選んでいるのに、理由が分からないなんて、そんなことありえます?」

「当然ありうる。エリクソンは、自分が何に惹きつけられているのか、分からないタイプの人だったのだろうな。そういった人は、書くことで初めて自分が何に惹きつけられているのか気がつくことになる。だから、彼は書くことで初めて自分が考えていることが見えてくる段階だった。あるいは、言葉にならないが、ルターのなかに検討するに値するものを見つけたと、受け止めればいい。

とにかく、エリクソンはルターに心を惹かれ、ルターの生きた道筋から多くのことを引き出そうとした。それが今の君に何かを伝えてくれるはずだ」

授業　エリクソン『青年ルター』

タカヒロが手にしている日本語訳の『青年ルター』には、イソギンチャクのように付箋が本の上からたくさん飛び出していた。机の上には、英語で書かれた原書と他の人が翻訳した日本語訳の本まで置き、授業に参加した。

「ヘーゲル先生、今回の『青年ルター』は面白いですね。仕事に支障が出るくらい読んでしまいました。寝る時間を削って読んでしまうなんて、高校生以来ですよ」

「お、それはいい出会いになったな」

「タカヒロさんの本は、付箋だけじゃなく、かなり書き込みもしているんですね」

アカリはタカヒロの持っている本を見て言った。

「そうなんだよね。すごくハマってしまって、二種類も翻訳の本を買っちゃったよ」

「なんで二冊も買ったんですか？」アカリは驚いて訊ねた。

「この『青年ルター』って内容が難しいんだよね。だから、元々英語で書かれた本を読んで、よく分からなかった箇所に来たら翻訳された箇所を読み比べる。そこまですると、やっと理解できる本だからね。でも、ここまで苦労しても、この本は読みたいと思えるすごい本だよ。この本は本当に面白い」

「タカヒロにとってはいい出会いになったようだな。それはよかった」

先生は嬉しそうに言った。

「でも、英語の原文でここまで本格的に本を読むなんて久しぶりですから、結構読むのに苦労して、まだすべて読み終わったなんていえないんですね。しかも、世界史の勉強を今までサボってきたので、背景が分からず、理解しにくい箇所も多いんですよ」

タカヒロは恥ずかしそうに答えたが、アカリはちょっと困った顔で先生に訊ねた。

「へーゲル先生、私は今回の本も全然読めなかったんです。何を言っているのかさっぱり分からなくて」

「タカヒロも結構苦労して読んでいるように、これはなかなか読むのに苦労する本だからね。それなら、まずこの本の全体像から話そう」

そう言って先生は、本の内容の解説を始めた。

「著者エリクソンは、この本の主題を書いてくれている。

この意味で本書はアイデンティティとイデオロギーに関する書物であるといえよう。

(『青年ルター』)

でも、こう書かれてもいまいちピンとこない。アイデンティティもイデオロギーといった言葉も、エリクソン独自の使い方がされているからな。だから、まずはイデオロギーについて見てみよう」

先生は解説が書かれたページを開くように二人に指示し、その該当箇所を読み上げた。

> わたしの焦点はそれゆえ、「思想的《イデオロギー》」なものにあてられる。現代においてこの語は特に政治的な意味あいで使われている。……本書では思想《ideology》は政治的な思想《thought》にとどまらず、宗教的、科学的思想の根底に横たわる無意識の傾向という意味である。
>
> （『青年ルター』）

「エリクソンは、イデオロギーという言葉を、よく使われるような政治的な意味合いに限定して使わない。無意識のうちに個人や集団で共有され、様々な制度、習慣、秩序に表れる世界観ともいうべき価値観のことをイデオロギーといっている」

「う〜ん、ちょっと何を言っているか分からないです」とアカリは言った。

「アカリはひとりの人間として、日本国憲法という法制度のもとで生活し、さらに結婚する習慣であったり、悪いことをしたら罰が当たるなど、当たり前のようにあるいろいろな約束の上で生活しているだろ？　常に意識していなくてもね」

「最近は結婚しない人も増えてますよ」とアカリが反発して言った。

「どうもそのようだね。イデオロギーというものは時代とともに変化するものでもある。私の時代では結婚をするのが当たり前という、誰もが疑っていなかったイデオロギーでさえ、変わった」

先生の答えを聞いて、タカヒロも意見を言った。

「でも、うちの父親は早く結婚しないのか、とよく言ってきますよ」

「家族や個人によってイデオロギーは違う。たとえば、戦前とは違い、戦後の日本社会では男女平等を謳い、どんな職業に就くことも可能だと考えるようになったこともイデオロギー。親が子どもは大学へ行って当然と思っているなら、その家の独自のイデオロギー。タカヒロの父親が息子に結婚を急かすのもイデオロギーだ」

「これじゃ何でもかんでも、イデオロギーじゃないですか」

とアカリは呆れて言った。

「だから、この言葉を目にしたときは、毎回どのような意味かを現実から考えた方がいい。それでも意味が確定できないときは、翻訳された本、解説書、他の人の説明を利用するのも一つの手だ。タカヒロがやっているようにね。困ったときにこそ、先人の努力をありがたく使わせてもらえばいいんだ。そして最終的に自分の言葉で理解できるようになればいい」

先生の話を聞いて、タカヒロは大きく頷きながら言った。

「本当にそうですよ。ありがたい。あとがきに書いてありましたが、この本を訳した大沼さんは七年、西平さんは二十年間、翻訳するのにかかったと書いてありました。やっぱり翻訳するってことは大変なんでしょうね」タカヒロは大事そうに本の上に手をのせた。

◇◇◇

「さて、この本の主役マルティン・ルターがやったことについておさらいしておこう」

先生はそう言って、一冊の地図帳から世界地図のページを広げ、説明を始めた。

「ルターが活躍したのは、中世から近世への転換期だ。この時期は、古代ギリシャ・ローマを復興しようとするルネサンス、アメリカ大陸への到達から始まる大航海時代、そしてヨーロッパ世界を二分することになる宗教改革といった、大きな社会変化がおきている。その中でも宗教改革は、ルターがヴィッテンベルクの城教会の扉に『九十五か条の論題』を張り出したことから始まる」

「たしか、ルターはお金を払えば罪が許されるという贖宥状《しょくゆうじょう》を批判したんですよね」とアカリが言った。

「そうだな。当時ヨーロッパ全土で贖宥状あるいは免罪符と言われているものが売られていた。特にドイツでは大司教アルブレヒトが大々的に販売していた。というのも、アルブレヒトが自らの地位を上げるため、多額の賄賂をローマ教皇に送る必要があったからだ。つまり、政治的な動向から生まれたと言っていい」

「贖宥状を売りたかったのは、お金が必要だからって理由は分かります。でも、それだけで、贖宥状が売れるわけないですよね？」とタカヒロが質問をすると、先生は答えた。

「当時の死生観を知れば、この贖宥状がなぜ売れたのか想像できる」

そう言うと、先生は本棚から中世の絵画が描かれた本を取り出し、机の上に広げた。そして、中世における西洋の常識について話し始める。

「当時、キリスト教では死ぬと天国に行くか地獄に落ちるか、あるいはその中間の煉獄《れんごく》に行くことになっていた。煉獄とは、罪を持った魂がその罪を浄化し、最終的に天国に行くための場所だ。そして、ほとんどの人は、この煉獄に行って苦しみを受けることになると考えられていた」

「みんな行くんですか？」とタカヒロは聞いた。

「誰だって生きている間にちょっとした過ちは犯すものだからね。とはいえ、煉獄では清めの炎と言われる火で罪を浄化するんだけれど、誰だって炙られるような苦しみを受けたくないだろ？」

「そりゃそうですよ」とタカヒロは頷いて答えた。

「そこで登場したのが贖宥状だ。苦しい煉獄での期間を短くするために、教会お墨付きの贖宥状を購入すればいいと説いたんだ。しかも、この贖宥状は、自分のためにだけでなく家族や亡くなった人のためにも購入することができた」

「へぇ〜、うまい商売ですね」とタカヒロは感心しながら「死んでまで苦しい思いをしたくないですし、まして家族のためと言われたら買っちゃいますよね。でも、お金を払えば罪が許されるなんて、なんだかおかしくないですか？」と言った。

「聖職者であるルターも教会の態度はおかしいと考えた。そこで、彼は当時の教会法や教義、信者のあり方に対しての批判を『九十五か条の論題』という文章にまとめて、ヴィッテンベルクの城教会の門扉に張り出すことになる」

「へぇ〜」

「ここで注意しないといけないことがある。それは、この論題がキリスト教の作法に則り、ラテン語で書かれ、伝統的な方法で掲示されたことだ」

「え、それって重要なんですか？」とアカリは細かい指摘に驚いて訊ねた。

先生は「これは見逃してはいけないところだ」と答え、説明を始めた。

「これは、当初、ルターは自分のやっていることが、社会を巻き込む運動になるなんて想定していなかったことを意味しているからだ。

しかし、彼の思惑とは関係なしに時代は動き出す。論題に人々が感心を寄せていた贖宥状に対する批判が含まれていたからだ。当時の人たちも、どこか話がおかしいと感じていたんだろう。そのために、ルターの論題は彼の意志とは無関係に、他の人の手によってすぐにドイツ語に翻訳され、ドイツ中に伝播《でんぱ》していった」

先生は二人がメモを取り終わるのを待ってから、「大抵、何かが起こる時、その人が意図しない出来事から始まるものだ。君たちが知っておくべきことは、その出来事にどう向き合うかで、その人の人生の歩みが決まるという点だ」と言って話を続けた。

「贖宥状に対するルターの批判は、キリスト教の中心であるローマでも無視ができないほどの大事になっていった。当時、ドイツ国民の四分の三はルターの考えを支持していたというからな。

ローマ教皇はこの問題を沈静化しようと、ルターに論題を取り下げるように説得を試みるが、ことごとく失敗してしまう。最終手段として、教皇はルターに破門を突きつけることで、彼に自説を撤回するように迫る。この破門とは、教会が下す最も重い刑罰であり、社会からの追放を意味していた」

「破門ってそんなに大事なんですか」タカヒロは質問した。

「これより少し前の時代であったら、破門された人は火炙りの刑に処されていたからな。破門というのはかなりの大事だ。しかし、ルターはその破門さえ跳ね除け、決して持論を取り下げることはしなかった。ルターの考えに賛同していた人々は、彼の力強い態度に感化され、以前よりも騒動は燃え上がっていく。ルターの破門が決まった日、人々がエルベ川のほとりに集まると、教会の文章を焼いてしまったという」

「当時、大炎上した案件だったんですね」とアカリは言った。

「そうだな。ついにこの混乱を解決しようと、ローマ皇帝カール五世が動き出した。皇帝はドイツの都市ヴォルムスで開かれる帝国議会にルターを呼び出し、考えを撤回するように迫ったんだ」

先生は二人を見渡し、「ここからが歴史の大きな転換点だ」と言って、話を続けた。

「ルターはこの議会で公然と『教皇と公会議の権威を認めない』と明言した。自分の良心が神の言葉に捕らえられている以上、良心に逆らって行動できない、『自分はここに立つ』、ほかの何事もできないと語った」

「カッコイイですね。一人の男が、当時の最高権力者に立ち向かったんですから」と、タカヒロは言った。

「なかなかできるもんではないな」と先生は同意して話を続けた。

「その後、ルターは『新約聖書』をドイツ語に翻訳する仕事に取り掛かる。この聖書のおかげで、それまで一部の人だけしか読めなかった聖書が、多くの人が読むことができるものになった。それにともない、聖書のみを頼りに神に向き合う教えが広まっていくことになる。

最終的にキリスト教は、ルターの示した内面の信仰や聖書を重要視するプロテスタントと、それまでの伝統的な解釈を重んじるカトリックの二派に分かれていくことになった」

先生はコーヒーを一口飲んで「これでやっと『青年ルター』を読む下準備が終わったな」と言った。

「ヨーロッパの社会に大きな影響を与えたルターは、これまで多くの人の関心を呼び、政治学や社会学、音楽、神学など様々な側面から研究されてきた。今回扱う『青年ルター』は、その中でも心理学の立場から研究されたものだ。

しかも、今まで話したような歴史的な意義としてのルターではなく、一人の人間としてルターを扱っている点が特徴だ。特に、多くの青年が抱える悩み、『自分とは何か』という悩みを抱えた一人として、ルターが描かれる」

◇ ◇ ◇

先生は「まず、エリクソンがどのような理解の枠組みを持っているかを確認してから、内容に入ろう」と言って話し始めた。

「言うまでもなくアカリとタカヒロが違うように、人間も一人ひとりは誰だって異なる。しかし、植物が種から芽を出し、蕾《つぼみ》をつけ、花を咲かせ、実を結び、やがて枯れて、また新たな芽が出るように、大きな視野で見れば人間もまた生まれてから死ぬまで同じように発達していく。

エリクソンは、このように大きな視野で人間のライフサイクルを、誕生から死に至るまでの八つの段階に分けて考え、それぞれの段階ごとに特有の課題があるとした」

「それぞれの課題ですか?」とアカリは訊ねた。

「たとえば、生まれて間もない乳児期では、信頼できる人に出会うことで自分や相手を信頼できるようになることが課題であり、老年期では、死を意識してそれまでの人生を回顧して受け入れることが課題である、といった具合だ。その中でも、『青年ルター』は、青年期における発達と課題に関して書かれた本であり、エリクソンによると、青年期とはアイデンティティを確立することが課題であるという」

「それが今の私たちの課題ってわけですか」とアカリは言った。

「そういうことになる。さて、この青年期での出来事を深く理解するために、エリクソンは一般的な青年についての理解の枠組みを導入する。それを見てみよう」

そう言って先生は該当箇所を読みあげた。


青年期というものは人生の段階で最も活気にみちた、無鉄砲な、自信にみちた、自分にとらわれない生産的な時であろう。少なくとも「一度うまれ《ワンスボーン》」の場合をおもにみるならば、そう思われるであろう。この言葉はウィリアム・ジェームズがカーディナル・ニューマンからとった用語である。彼がその用語を使って記述しようとする人間とはどういうものかといえば、むしろ苦しむことなしに自己自身に適合する人間、過去から未来に至る思想の形成と、力強い科学技術によって生じる日常的仕事との間になんのくいちがいも感じないで、その時代の思潮に適合する人間である。

ジェームズはこの「一度うまれ」を、「人格的生命力の総括的中心」においてその人間を「回心させる」ような「成長にともなう危機」、つまり、生まれかわり《セカンドバース》を探し求める「病める魂」、「分裂した自己」とは区別する意味でつかっている。

（『青年ルター』）

「心理学者ジェームズが称《とな》えた《一度うまれ》と《二度うまれ《セカンドバース》》という考え方をエリクソンは導入し、青年期の過ごし方を二種類に分ける。この《一度うまれ》は、無理なく社会に溶け込むことができるタイプの人間を指す。一方ルターのような青年は、《二度うまれ》と呼ばれ、生まれかわりを求める、人生を遠回りしながら生き方を見つけようとする人たちのことだ」

「私はいろいろなことを気にするから二度うまれなのかぁ。なんだか悩んでばかりだし」

アカリがそう言うと、先生は笑って話を進めた。

「ハハハ。どうだろうねぇ。そんな《二度うまれ》の人たちが出てくる、青年期に取りがちな行動について語っている箇所を見ておこう。

この年代（十代後半から二〇代前半）は何かへの決断を最も自覚的な形で求める年代であり、新しいものを選びとり、古いものをすてて身をゆだねる先を求める年代であり、古い世界観を全面的に容赦なく否定する代償として、新しい世界観を約束するイデオロギーの影響力に最も敏感な年代である。

（『青年ルター』）

ルターのような二度うまれの青年は、古い価値観《イデオロギー》を捨てて、新しい価値観《イデオロギー》に飛びつきやすいことを指摘する。この価値観《イデオロギー》について、エリクソンはルターやナチスに傾倒した若者たちを念頭において、次のように書く」

青年たちが十代後半から二〇代前半にかけて宗教や他の教条主義的な形態にたずね求めるものを、われわれはイデオロギーとよぶことにする。それは同じような会員と同じ目標とをもった一種の好戦的な組織である場合もあるし、あるいは、ドイツ人が世界観《ヴェルトアンシャウウンク》とよぶような「生き方」、つまり既成の思想に合致し、自分のものにできる知識とか常識、あるいはそれ以上に重要なものを意味することもある。

（『青年ルター』）

アカリは疑問に感じたことを口にした。

「これって、二度うまれの方がいいんでしょうか?」

「エリクソンは、いいとか悪いとか、そのような判断はしない。一度うまれには一度うまれの人生があり、二度うまれには二度うまれの人生がある」

先生の話を聞いてもアカリは眉をハの字にしたまま「う〜ん……」と唸ってしまった。

「アカリの違和感も理解できる。このように二つの区分に分けることに、何の意味があるのか。そもそも、人生に悩まずに生きている人などいるのだろうか? といった疑問は出てくるからな」

「そうですよ! こんな風に分けたって意味ないと思うんです!」とアカリは言った。

二人の会話を聞いていたタカヒロは、ふと思い出した自分の経験を話し始めた。

「一見何も悩んでなさそうでも、実は話を聞くと、悩みを抱えている人もいますからね。いつもニコニコしている友達がいたんで『いつも笑顔だね』と言ったら、『だってこうしておいた方がいいんでしょ』と冷たい声で彼女から言われたときは、ゾクッとしましたよ」

「タカヒロさん、そんな質問をするなんて、やっぱり配慮が足りないですね」

「やっぱりって、ひどいな。こういった失敗が人を大きくするんだよ?」

「ハハハ。タカヒロの言うとおりだ」

先生は笑うと、話を元に戻して言った。

「いろいろな疑問が出てくるかもしれない。それでもエリクソンが《二度うまれ》という言葉を選んだ理由は、彼が関わった多くの青年たちが精神的な危機を乗り越えた後、まるで生まれ変わったかのように、生きる力を取り戻す姿を見たからだろうな」

先生は「休憩を挟んで、ルターの青年時代の話に入ろう」と言って、コーヒーを一口飲んだ。

タカヒロが本を見ながらアカリに言った。

「でも、この二度うまれっていう考え方って、希望のある表現だと思わない？」

それを聞いたアカリが、「え、どこがですか？」と怪訝そうに聞き返すと、タカヒロは答えた。

「だって、この二度うまれっていう言葉は、どんなに悩み、死ぬほど辛くても、生まれ変わるかのように新しい生を謳歌することができる。そうエリクソンが信じていたからこそ選んだ言葉だと思うんだ。希望に満ちあふれた、素敵な言葉じゃない？」

「言われてみればそうかも」

◇　◇　◇

先生は「さて、エリクソンが、一人の人間としてルターをどのように扱っているのかをみていこう」と言って、本を開きながら語り始めた。

「まずはルターの父親の話だ。ルターの父親は農民出身であったが、生まれ故郷を離れて鉱業の実業家として成功を収め、後に副市長の一人に選ばれるほど、きわめて上昇志向の強い人物であった。その息子として、一四八三年に、ルターはドイツのザクセン地方の小さな村で生まれる。

彼は小さい時から教育熱心な親に育てられ、幼少期からラテン語を学び、一三歳のときには親元を離れて、教会付属の学校に通うことになる。大学は当時最も名高い名門大学、エアフルト大学に入学。この時、ルターは父親が望んだ法学部に入学した。というのも父親はルターに自由都市の市長や領邦君主の法律顧問になることを望んでいたからだ」

「へぇ〜、ルターは父親の意見に従ったんですね」とアカリは言った。

「ルターの父親は、自分の思い通りに息子をコントロールしようとする、怖い父親でもあったんだ。ところが、世の常であるように、息子から父親への反抗がおきた。それまで父親の期待に応えて順調に学問の道に進んでいるかに見えたが、ある時、実家に帰省し、馬で大学に戻る途中、草原を進んでいた彼の近くに雷が落ちる。その瞬間、ルターは『聖アンナよ、助けたまえ。わたしは修道士になります』と叫ぶと、半月後には父親に相談することもなく、修道院に入った。この出来事は、一般にルターの回心として知られている」

アカリは「反抗期で、雷で、叫んで、お父さんに無断で修道士になる？　ちょっと話の展開が早すぎます」と言って戸惑いを見せた。しかし、先生は笑いながら「生きていれば、いろいろ起こるもんだ」と言って話を続けた。

「ただし、エリクソンは精神分析医の立場から、一般的な理解とは異なる意見を述べる。彼によれば、ルターが修道院へ入ったのは宗教的な回心と言うよりも、一部の若者が示すような無意識の反抗、この場合は父親が望む生き方に対しての抵抗であったとする」

「そもそも回心ってなんですか?」アカリは眉をひそめながら言った。

「回心というのは、自分の罪を認めて、神様を信じて新しい生き方を始めることだ。ただし、この説明だとさっぱり分からないだろ?」

「全然分からないですね」とアカリは答えた。

「回心というのは、日本人にとって川から流れてくる果物といえば桃を思い浮かべるのと同じくらい、西洋人にとって常識的な話だからな。だから、この西洋人の常識を理解するには、パウロの回心を知っておく必要がある」

そう言うと、先生は後ろの本棚の中から聖書を取り出して、説明を始めた。

「このパウロという人物は、『新約聖書』の著者の一人であり、キリスト教の成立に深く関わっている人物だ。パウロは、もともとキリスト教徒を迫害《はくがい》していたが、あることをきっかけにキリスト教徒になった」

「え、キリスト教徒って迫害されていたんですか?」とタカヒロが訊ねた。

「今では考えられないが、当時はそうだったんだ。キリスト教側から歴史を紐解けば、この宗教は今からおよそ二千年前、地中海沿岸を支配するローマ帝国の管轄下に置かれたパレスチナで始まったものとされる。

当時、パレスチナの地域には、ユダヤ教を信仰している多くのユダヤ人が住んでいた。ただし、ユダヤ教内部では複数の派閥に分かれていた。その中でも有名なのは、貴族のような特権階級を中心としたサドカイ派と、ユダヤ教の律法を重視する多数派のファリサイ派といった人たちであった。

いつの時代でもあることだが、上層部は堕落し、形式的に戒律を頑なに守ることに固執する人たちが多くなっていた。そんな人たちを、ナザレ出身のイエスが批判する。このイエスの活動は、戒律を守るだけでは救われない、社会的な弱者や病人、差別された人々に向けられ、その結果、多くの支持を得ることになる。

しかし、ユダヤ教の多数派の人々は、自分たちの地位を脅かす存在としてイエスを危険視する。そのため、司祭はイエスを捕らえ、ローマへの反逆を企てた罪でローマ当局に引き渡す。この行為は法律上、死刑に相当する罪とみなされており、最終的にはイエスは十字架にかけて処刑される。それでも、イエスの死後、彼の教えは広まっていくことになるが、規模が大きくなるに連れ、またしてもユダヤ教の主流派の人々と対立するようになると、ユダヤ教の人々からの迫害が始まり、後にローマ人からも迫害されるようになる」

「へぇ〜」

「さて、パウロの回心に話を戻そう。熱心なファリサイ派のユダヤ教徒であったパウロは、キリスト教徒を逮捕し裁判にかけるために、現在のシリアにあるダマスカスに向かっていた。その道中、まばゆい光の中、『サウロ、サウロ、なぜ、わたしを迫害するのか』と生まれたときに名付けられたサウロという名で、天からイエス・キリストの声を聞くことになる。このとき地に倒れてしまったパウロは、起き上がると目が見えなくなっていた。

パウロは目の見えないまま同行者に手をひかれ、ダマスカスに入ることになった。三日後、イエスの言葉を聞いたという住民がパウロのもとを訪れると、彼のために祈った。そうするとパウロの目からウロコのようなものが落ち、彼は再び視力を取り戻すことになった。この不思議な体験から、パウロは神の呼び声に応え、それまでとは一転して、キリスト教徒になることを決める。この一連の流れが、パウロの回心と呼ばれるものだ」

先生は「ちなみに、ここから、目からウロコが落ちる、という諺が生まれている」と言って、話を続けた。

「エリクソンは、このパウロの回心と、雷に打たれたルターが修道院に入ることになった出来事を比較する。彼によれば、パウロの回心というのは、単にユダヤ教徒からキリスト教徒に変わっただけでなく、社会的に強い立場から迫害される弱い立場へ移る、政治的な転向であったと見なしている。一方、ルターがキリスト教の修道士になったことは、パウロの英雄的な回心とは違い、それまで学んでいた法律の分野から、名誉ある教会組織に入ったにすぎないとエリクソンは語る」

「こうやってかいつまんでルターの行動を語られると、なんとも身も蓋もない話ですね」とタカヒロは感想を言った。

「エリクソンはルターを一人の人間として扱おうとしたんだよ。ルターが落雷を経験した時に起きた回心は、単にそれまで父親の価値観に従って生きてきたことから、神に従うことに変わっただけだと、エリクソンは言うんだね。つまり、父親から逃げ出したってことだ」

話を聞いていたアカリは眉をひそめて訊ねた。

「……逃げ出すのって、いけないことなんですか？」

「そういうわけではないぞ。むしろ、こういったルターのような態度、いろいろなことで悩み、自分を見つけようと放浪することは、モラトリアムとして必要だったとエリクソンは見なしている」

「モラトリアムが必要って、自分探しの時間が必要だったってことですか？」

アカリは首を傾げて言った。

「そういうことだ。このモラトリアムという言葉もアイデンティティ同様、エリクソンによって心理学の分野で使われるようになったものだ。アカリのような学生の期間がそれにあたり、エリクソンなら画家をあきらめて心理学を学び始めた二七歳ぐらいまで。ルターでいえば修道院に入り、二八歳で神学博士になった時期になる。社会的な制度や習慣の中で、自由な行動が認められる時間のことで、自分を見つけるための期間を指す」

説明を聞いたタカヒロは友人の話を思い出し、そのことを話した。

「そういえば、海外で働くワーキングホリデーなんかは年齢制限が三〇歳までになっていますよね。友人で韓国に行っていた人や、逆に日本にワーキングホリデーで来ているフランス人もいましたよ」

「へぇ〜、あれって年齢制限があるんだ」とアカリは驚いた。

「多くの国で、モラトリアムの期間は設けられているものだ。一部の若者にとって必要な時期と社会的に考えられているんだろうね」

◇
◇
◇

先生は「修道院に入ったルターがどのように歩んでいったのか見ていこう」と話を続けた。

「ルターは厳しい二年間の修練を積んで、二三歳のとき司祭の位を授かった。また、司祭として迎える最初のミサは、一般的に特別なものとされており、習慣として祝賀式が開かれ、家族が招待されるのが習わしであった。つまり、このミサはルターが無断で修道院に入ってから、父親とはじめて再会する場になった」

「どうなったんですか?」とアカリは聞いた。

「ルターは父親に対して自分が司祭になったことを認めてもらおうとやっきになるが、父親はそんな息子の態度を気にとめず、むしろルターの体験した落雷の経験を『神が与えたのではなく、それは悪魔の幽霊じゃなかったのか』と言って、強く批判した」

「えぇー」とアカリは驚いた。

「当然だが、ルターは父親に認められなかったことにショックを受ける」

「それはそうですよ。もっと優しくしてあげればいいのに」

アカリは怒ったように言った。

「ちょっと可哀想だな。さて、エリクソンはこのような父親との出来事を経験したルターについて次のように分析する。

ルターが修道院に入ったのは、彼の父親が望む価値観に直接反抗することを避けるためであった。しかし、祝賀会で父親にかまってもらおうとしたように、内心では父親に認められたいという気持ちをずっと持っていた。その結果、この父親への複雑な感情を発散するかのように、ルターは修道院の厳しい生活に逃げていく」

アカリは「あー、この気持ちは分かるなぁ」とつぶやいた。

「でもね、修道院での生活にルターが満足できれば良かったけれど、そうはいかなかった。

修道院での生活を続けていくうちに、キリスト教の価値観を受け入れられなくなってしまう。というのも、ルターは修道院の生活を通して、『神に義とされる』かどうかが気になって仕方なかったからだ」

「どういうことですか?」とアカリは聞いた。

「ルターは神を厳格で公正な裁判官のようなものと考えていた。罪を犯せば、厳しい罰を下すような怖い神だ。だから、罪を犯さないために、ルターは厳密に規律を守って、神に認めてもらえるように必死に努めた。しかし、誰だってちょっとしたミスや失敗をするものだし、罪を犯すものだ。どれだけ努力しても、ルターは完全には規律を守れず、罰を下されるのではないかと悩み、不安な気持ちを消すことができなかった」

このルターの態度を聞いたタカヒロは、感想を言った。

「そのルターの気持ちってちょっとだけ共感できるんですよ。だって、悪いことをやったら罰が当たる気がするんですよ。反対に、良いことをしたら報われたいとも思ってしまう。自分も宝くじを買う前に、周辺のゴミを拾ったりしちゃいますからね」

それを聞くと先生とアカリは笑った。

「とはいえ、四六時中この考え方に囚われると、生きづらいですよね」とタカヒロは言った。

「生きにくいだろうな。ルターを教えていた指導者たちも、彼があまりに神経質で、ちょっとしたことも許せないような態度に困っていた」と先生は答えた。

先生はコーヒーを一口飲み「この時期のルターについて、エリクソンは自分の父親と神を重ねて合わせて考えていたことを指摘している。つまり、ルターにとって、父親も神も、期待に応えられないと怒りを向けてくる、恐ろしい存在であった」と言い、二人が話についてこられているかどうかを確認して、話を続けた。

「そんなことが積み重なったせいなのか、明確な時期は定かではないけれど、修道院で聖歌隊にいるとき、ルターは何かに取り憑かれるように『それは私ではない』と大声で叫び、倒れてしまう」

ルターは、二〇代の前半あるいは二〇代中頃のある日、エルフルト修道院の聖歌隊で突然卒倒し、取り憑かれたようにうわごとを言い、雄牛のような声でうなった。……「それは私ではない」と。

（『青年ルター』）

「いきなり叫んで、倒れてしまうんですか？」とアカリは驚いた。

「ちょっと心配になるよな」

「はい」

「エリクソンは、この発作は父親によって計画された生き方や、修道院での規則正しい生活に満足できないために生じたものであり、これはアイデンティティの危機によって引き起こされたものとみている。

> 父からは厳しい疑い深さを、母からは妖術への恐怖を、その両者からは避けねばならない破滅や目指すべき高い目標などへの関心を受け継いだ。ルターが反抗するようになったのは、もっと後になってのことである。父に対しては修道院に入ることによって反抗し、教会に対しては彼自身の教会を打ち立てるという仕方で反抗した――もっともこの点においては、父親の本来の価値観に屈したとも言うことができる。
>
> (『青年ルター』)

こういった父親と子の関係、特に幼年期に焦点を当てた考え方は、二〇世紀前半に注目されていたものだ。私は研究をしたことはないから、父親が子どもにどのような影響を及ぼすのか説明できない。ただ、エリクソンが青年期におこる出来事を通して示した、これまでの自分の価値観を一度捉えなおす必要性については、納得ができる」

ここまできて、タカヒロはどうしても聞きたかったようで、先生に質問した。

「唐突に聞こえるかもしれませんが、父親に反抗するのって必要だと思いますか？」

「それは人によるだろう。反抗する、反抗しないどちらにしろ、自分の身についた価値観を見つめ直すことが大切なんだ。それとも、タカヒロは今から父親に反抗でもしたいと思ったのか？」

「反抗なんかしませんよ、今更。そうは言っても、ルターと父親の関係の部分を読んでいると、結構つらいんですよね」とタカヒロは感想を漏らした。

「え、どの辺がつらいんですか？」

アカリが驚いて質問をした。

「本の中身から離れて読んでいるので、あまりいい読み方じゃないと思うんだけど、どうしても読んでいると、自分と父親の関係を振り返ってしまうんだよね」

アカリはプライベートな質問をして良いのか迷っているようだったが、意を決して訊ねた。

「振り返ることがつらいんですか？」

タカヒロは特に気にする様子もなく、顎を手で触りながら言った。

「う〜ん、自分はルターと違って、父親との関係は良い方なんだけど、この本とおしゃべりしていると、自分の選択は無自覚だったなぁ、と痛感するんだよね」

「どの辺が無自覚だと思ったんだい？」と先生は質問した。

タカヒロは椅子に座り直し、先生に向かって言った。

「うちの父親は自営業をやっていて、小さい頃から苦労している姿を身近で見ていたんです。その影響だと思うんですが、自分は有名な大手企業に勤めて会社員になろうと、就職の時に考えたんですよ。でも、この本を読んでいると、父親と違う価値観に逃げただけだよな、と気づかされたんです」

タカヒロの話に驚いたアカリは聞いた。

「逃げたってどういうことです？　それって、タカヒロさんは会社員になったのは良くないって思っているんですか？」

タカヒロはアカリの方を向いて言った。

「いや、そういうわけじゃなくて、会社で働くことはいろいろな人に出会えて面白いし、なにより組織でしかできないことは多いからね。だけど、就職活動をしたときのことを思い返すと、理由もなく大手企業だけを選んで就活していたんだよ。別に大手でなくても良かったはずなのにね。父親と真逆の大手企業に就職することしか考えていなかった」

「大手に就職できたならよかったじゃないですか。何が不満なんですか？」とアカリは言った。

「不満っていうわけじゃないんだ。でも、もっと広い視野で就活をしても良かったなと思ってね」と言った後、少し間を開けて、

「正直に話すと、今の仕事に満足していれば先生のところに来なかったと思うんだ。だから、この本を読んで、ここに来ている理由や、自分の見たいものしか見ていない自分の問題に気がついた時、ガーンって頭を殴られた感じかな。なんとも、自分は遠回りしているなって思うよ」

タカヒロは左手で頭をかきながら、恥ずかしそうに答えた。

「気がついたんなら、良かったじゃないか」と先生は言った。

「先生、そんなに嬉しそうに言わないでくださいよ」タカヒロが笑いながら答えると、先生も笑いながら返した。

「ハハハ。**見たくない現実を見ることが、自分を本当の幸せにする近道**なんだよ」

それを聞いたタカヒロは、「幸せの道は険しいですね」と苦笑いしながら答えると、ふと何かに気がついたようで、

「そう言えばこの話ってルターの母親の話はあまり出てきませんね」

「そうだね。一つには歴史的な資料が少ないことも要因だろう。とはいえ、それよりも著者エリクソンが、自分の実の父親を知らないことが大きかったのではないかな。そのために、彼の興味関心が父と息子の関係に向いたゆえに、母親の話が出てこない。著者の興味関心というものが、その作品と切り離すことができない、という事例の一つになるのだろう」

◇　◇　◇

先生は話題をルターに戻した。

「こういった解決できない問題を抱えたまま、ルターはヴィッテンベルクにある修道院へ異動を命じられる。そこで司教総代理であったシュタウピッツ博士に出会う。この人は様々な

問題について、ルターと根気よく語り合ってくれたようだ。そのため、ルターにとって第二の父親のような存在となった」

「いい人に出会えたんですね」とアカリは言った。

「そうなるね。この出会いによってルターはだんだん力を取り戻していった。自分の衝動や当たり前に思っていたことと向き合い、自分の中から聞こえる声に誠実に向き合えるようになっていった。つまり、ルターは新しい一歩を踏み出しはじめた」

「おぉ〜」

「シュタウピッツ博士は、ある日、ルターにヴィッテンベルク大学で教えるべきだと伝え、自らの大学での地位をルターに譲りわたす。ルターは初めは断ったものの、博士の強い勧めもあって、大学で神学を教えはじめる。どうやら博士は神の義について悩んでいるルターには、人に教える経験が必要だと考えたようだ。

教えはじめて数年たったある日、ルターは信者に教えを伝えるために勉強をしていると、それまで何度も読んだことのある聖書の一節が彼の目に留まる。『汝の義において我を救いたまえ』。このとき、雷鳴のように何かがルターの中に響き渡った。これは〈塔の啓示〉と呼ばれている出来事だ」

「汝の義において我を救いたまえ?」とアカリは不思議そうに繰り返した。

「それまでルターは、人は神が望むような義《ただ》しい行いをしないと罪人になり、神から罰を受けると考えていた。しかし、この『汝の義において我を救いたまえ』という言葉から、全く別の意味を読み取ることになった。

それは――神は人が完璧でないことを知っており、信仰を通して神の恵みが与えられ、人を救ってくれる――という考え方だ。これは神の望むように義しく生きていないから罰を受けるというものではなく、もとから神は人を赦《ゆる》しているので、その神を信じることが大切だという、発想の転換であった。この気づきはルターの価値観を大きく変えることになる。

しかし、この考え方は、当時の贖宥状を売っていた教会と対立するものであった。罪を消すために贖宥状を売っていたのに、罪があっても許されるとなったら、贖宥状なんてものは嘘になってしまうからな」

「たしかに、そうですね」とアカリは相槌を打った。

「ルターのこのような個人的理解は信仰義認と呼ばれ、『九十五か条の論題』の形で城門に張りつけられる。その結果、ヴォルムス帝国議会で皇帝に対して『私はここに立つ』と語り、最終的に宗教改革へとつながっていった」

◇　◇　◇

「ここまでの話を年表にまとめると次のようになる」

先生はそういって二人に年表を配った。

一四八三年（　〇歳）マルティン・ルター誕生
一五〇五年（二一歳）落雷を受け、その時の誓いによって修道院に入る
一五〇七年（二三歳）司祭になり最初のミサを行う
この時期から聖歌隊で「私ではない」と倒れる原因となった懐疑を抱く
一五一二年（二八歳）神学博士になる。この頃に「塔の啓示」を経験
一五一七年（三三歳）ヴィッテンベルクの教会の扉に「九十五か条の論題」を張りつける
一五二一年（三七歳）ヴォルムス帝国議会で皇帝に対して「私はここに立つ」と自説を述べる

アカリは年表を見返して感じた疑問を言った。

「ヘーゲル先生、私やっぱり不思議に思うんです。エリクソンの話では、ルターは父親に反抗して修道院に逃げ込み、そこで勉強していると聖書の一節から信仰義認といった考え方に

気がついたって話ですよね?」

「そうだね」と先生は頷いた。

「ルターが信仰義認の考えから、贖宥状を批判したのは分かるんです。でも、それがなぜカトリックとプロテスタントの二つに分かれるような、社会的変化になったんですか?」

「そういったことを、エリクソンは語らない」

「え、そうなんですか?」とアカリは驚いた。

「エリクソンはね、精神科医として、一人の人間の青年期までに起きる出来事を明らかにしようとした。そのため、ルターによって生じた、一人の人間を超えた歴史的な内容については、語ることは慎《つつし》んだ。一人の人間の中に起きる出来事を超えた部分に深く立ち入らないために、イデオロギーといった表現を用いたとみていい」

「でも、気になるんですけど……」とアカリが言うと、先生は二人の表情をさらっと見てから、話を始めた。

「では、ルターはいったい何をしたのだろうか。ざっくりと言えば、ルターはイエスを自分の中に抱え込んだ」

「イエスを抱え込んだ?」

「そう。イエス・キリストは中世全般を通じて、神と人間を結びつける人として理解され、祈る対象として十字架にかけられていた。人々は平穏な日常を願いキリストに祈りを捧げ、何か悪いことをしたら赦しを得るためにキリストに祈った。ところが、ルターは十字架にかけられていたイエスを、自分の外側にいて祈る対象としてではなく、自分の中に取り入れる。しかも、それを公の場で『私はここに立つ』と宣言した。神に祈るのではなく、自分の中から響く声に耳を傾けるようになった。私はそう見ている」

　先生はもう一度二人を見て、話を続けた。

「つまりルターが公の場で『私はここに立つ』と宣言した瞬間から近代が始まった。神様に預けていたものを、人間の中に取り入れていく近代が始まった。ここに君たちが来たとき話した、私たちの悩みはヨーロッパ近代から始まった、と断言した根拠があったわけだ」

「これが私たちの悩みの始まりですか」

「そうだ。私たちはすべてのことを自分自身の問題として、悩まなければいけなくなったからね。つまり、生きる理由や目的といった神に預けていたものを、少しずつ自分のものに取り戻していったのが、ヨーロッパ近代五百年の歴史といえるわけだ。ヘーゲルの言葉を借りれば、この出来事は『原理の大転換』となる」

　先生は背後を振り向き、本棚から『歴史哲学講義』と書かれたヘーゲルの著作を手にとると、パラパラとページをめくり、読み上げた。

　宗教革命は、はじめは、カトリック教会のいくつかの堕落した側面を問題とするだけにすぎなかった。ルターは全カトリック界と協同してやっていこうとして、教会会議を要求しただけであった。…（略）…しかし、ルターの抗議は、はじめは単にいくつかの点に関するだけであったが、次第に教義にまでおよび、…（略）…ローマ教皇や公会議のそれぞれの発言をこえて、決議のやり方や、ついには教会の権威を批判するようになった。

　これはルターが教会の権威を認めず、聖書と人間精神をよりどころとすることでもあった。聖書そのものがキリスト教会の基礎にされるようになったことは極めて重要なことであった。一人ひとりが聖書に学び、その良心を聖書にしたがって決定しなければならなくなったからだ。

　これは原理の大転換であった。

（『歴史哲学講義』）

「とはいえ、ルターの場合、彼が宗教に委ねていたものから取り戻したものだけでは、まだ不十分だった。ルターは宗教家として神を自分の内に取り入れることにしたが、宗教家という枠組み自体を壊すことがなかったからね」

「どういうことですか？」とアカリは訊ねた。

「ルターが聖書をドイツ語に翻訳した後、彼の教えに影響を受けたドイツ農民たちが反乱を起こす。しかし、ルターは社会秩序を守ろうと、宗教家の立場から諸侯たちを支持し、農民たちへの弾圧を正当化している。その結果、およそ十万人の農民が殺されてしまう。ルターは、イエスから学んだことよりも、宗教家として社会秩序を守る道を選んだ。イエスが他者の罪を背負い、自ら死に向かった姿を見て学んでいたにもかかわらずにね」

「へぇ〜」

「そうではあるが、ルターから始まった歴史の流れは止まらない。この宗教に預けていたものを徐々に取り戻していく歴史の中で、隣国フランスではモンテーニュが現れ、前に授業で扱ったデカルトといったような人たちが、果敢に自分たちの手で道を切り開いていく。社会と個人にかかわる話では、ロックやルソーといった人たちも出てくる。最終的に、様々なことを自分の中で再構築し語ろうとした人として、ヘーゲルが現れてくる」

先生はそう言うと、一呼吸置いて、二人の目を見ながら話を続けた。

「こういった人間の可能性を広く開くことになる歴史の流れは、いまや世界中に広がり、いまでは一人ひとりにとっての生きる意義が問われる時代になった。

この流れに飲み込まれたとき、やりたい仕事を見つけたり、理想の家族像を探すことになったり、人によっては『自分の人生は、このままでいいのか』といった言葉になって、自分の可能性を模索し始める。その末に、人によっては今までと形は違えど、もう一度宗教に包まれていく人もいるだろうし、まだ誰も見たことのない他の道を探す人も出てくる。

こういった時代にこそ、この歴史的な運動を受け取った一人として、先人の肩を借り、世界を見てみるのがいい。そうすれば、これまで様々な人が答えを見つけだしてきたことと同時に、人間の無限の可能性を教えてもらえるってもんだ」

人生の模索と成長に必要な時間

先生は話し終えると、僕の目をしっかりと見て言った。

「自分の価値観を問い直すという課題は、ほんのちょっとの努力で得られそうに見えることでも、何年も、場合によっては何十年もかかることがある。ルターがそうであったように、こういった二〇代前後に抱いた疑問と、生涯かけて付き合う人も多い」

「そんなにかかるんですか?」僕は驚いて聞いた。

「何事にも時間がかかるものだ。人生がいきなり変わる魔法の薬みたいなものはないんだよ」

「でも、ルターは聖書の一節で変わったんですよね?」

「ルターだって、徐々に時間をかけて変わっていったはずだ。彼が『汝の義において我を救いたまえ』という言葉が目に飛び込んできて、雷が落ちたように感じた経験から、彼が公の場で『私はここに立つ』と言えるようになるまで、何年もかかっている。君が好きな夏目漱石も同様だ。大学を卒業しても悩み続け、三〇歳を超えてからイギリス留学での経験をきっかけに文学に向かう決断をしているが、漱石が初めての著作『吾輩は猫である』を書いたのは、留学から帰ってきておよそ二年後だ。前に話したデカルトも長い年月が掛かっていた」

言われてみれば、福沢諭吉も同じだったことを思い出した。

初めて海外に行き衝撃を受けたあと、その経験を本にするまで五年以上かかっていた。

「こういった人生の模索は、自分の興味や関心だけでは、なかなか進みきれない。人によっては、長年にわたって引きこもりになったり、君の友人のように、自分の見たいものだけを見て、停滞してしまうことだってある」

「じゃあ、どうすればいいんですか？」

「自分のことを振り返るしかない。自分の中の空白に目をむけるしかない。ただ、自分の中に生まれた空白は自分では見えてこない。どうしたって相手がいる。そのためには、君に伝えてきたように、先人の肩を借りて振り返るのがいい。そうやって模索する最中、ルターのように自分の内なる心の声が聞こえてくるだろう。『僕の人生はこのままでいいのか』そして、『僕は友達に対してどうすればいいのか』といってね」

何をもって自分と為すか

「だからといって模索するだけでは、どこかで行き詰まることになる。いつかは**何をもって自分**

「**何をもって自分と為す、ですか？**」僕は先生が何を言っているのか理解できず、先生の言葉をそのまま繰り返して訊ねた。

「そうだ。ルターの場合、自分の課題と向き合う途中、聖書の一節によってハッと心が動く体験をする。その後、その時に得た確信を、世の中に問うのが自分であると決めたことで、時の最高の権力に対して怯むことなく、立ち向かっていった」

「そんなことはルターみたいな人だからできたんですよ」

僕が反論すると、先生は首を横に振って言った。

「そんなことはない。誰であってもできる。たとえば、少し前に、ソウタが中学受験をするかどうかを決めたことだって、その一つだ」

「受験をするかどうか決めることが、ルターの決断と同じだって言うんですか？」

「そうだ。このソウタが何をもって自分と為すかを決めた話は、ソウタの両親が子どもの受験についての相談にやってきた時に遡る」

◇

◇

◇

ある日、ソウタの父親と母親がそろって、ソウタの受験の相談にやってきた。

はじめに話し出したのは父親の方だった。

「先生、ソウタの中学受験を考えています。ただ、私の目から見ていると、ソウタは他人と比較するより、自分のことに関心が強いように思えます。だから、今から少し遅れて受験塾に入り、誰かと競争することになると、やる気をなくしてしまうんじゃないかと心配です。最近は、子どもの承認欲求を満たし、自信を持ってもらうことの方が将来にとっていいと耳にします。先生はどうお考えですか？」と父親は質問した。

「私としては、ソウタ君はまだまだものごとへの関心の芽が育ってきたばかりだから、受験は勧めたくありません。彼の状況を見ると、時期尚早に見えます」と先生は返した。

その返答が想定と違ったようで、父親は困惑した。しかし、それでも引き下がらずに父親は先生に持論を話した。

「将来のことを考えたら、受験はした方がいいと思うんです。いい中学に入れれば、いい環境で学ぶこともできますし、大学に入りやすく、将来有望な人脈も築ける可能性もあると思うんです」

「では、今ソウタ君の勉強の進み具合をみてみましょう。ここに、ソウタ君が歴史の漫画を読みながら、それを要約したものがあります」

それを手に取り、書かれたものを読んだ父親は眉間にしわを寄せた。

「初めの頃に比べれば、かなり力はついてきています。それは驚くほどです。ただ、読んでいただければお分かりでしょうが、まだまだ十分とは言えないレベルです。

しかし、この間の授業で、ソウタ君の方から私に『先生、もっと面白い話ないの？』なんて言って、自ら進んで歴史の本を借りて帰りました。関心の芽が今まさに伸びてきたと見ていいでしょう」

先生の話を聞いて、ソウタの母親は思い出したようで、驚きながら答えた。

「あの子がスマホも触らず、珍しく本を読んでいると思ったら、そういうことだったんですか。あの子、学校やここで何をやっているのか、何も教えてくれないんですよ」

母親の言ったことを聞いて「そんなことがあったのか」と父親も驚いた。

それでも、父親は受験に対して強い思いがあるため質問を重ねた。

「先生のおっしゃるとおり、受験はまだ早いと思われるかもしれません。でも、ソウタの可能性を広げてやりたいんです。ソウタが自分でやりたいことを見つけるまで、私のできる範囲で見守りたいと思っています。そうすると、受験をした方がいいとも思うんです」

◇　◇　◇

子どものことを真剣に考えるいい父親だ。

「それで先生は何と言ったんですか？」

「はたしてやりたいことなんか見つかるのでしょうか。**何になりたいか。それはソウタが何をもって自分と為すかによって決まる**のではないでしょうか、と答えた」

「え……」

僕は絶句してしまった。

「それで、ソウタ君のお父さんはどんな反応でした？」

「今の君みたいに、言葉を失っていたよ」

「そりゃ、そうですよ」

「誰にでも可能性は開かれている。しかし、それは外から押し付けられるものではなく、本人から引き出されるものだ」

「そんなこと言っても、ソウタ君は子どもですよね？」

「自分を振り返ってみてくれ。君は押し付けられた将来に我慢できる？」

僕は首を横に振って答えた。

そんなことは無理だ。

「今も昔も、世界中どこであっても、親が押し付けた意見を子どもが素直に受け入れるなんてことは珍しいだろ。ルターだって父親に反発していた」

そうかもしれない。

「親が子どもの進路を自分の知っている範囲に抑えようとするのは、本能的とも言っていい。社会に危機が生じたときに、伝統的なものに押しとどめようとするようなものだ。昔の方がよかったと言うように」

「だから、先生は受験をしない方がいいと答えたんですか？」

「そうだ。私の目には、ソウタは、詰め込みの学習をしなくてもいいと映っていたからね。ただ、ソウタが中学受験をしなければ自分じゃなくなる、といった思いがあるのなら受験をした方がいいと考えていた」

「それじゃあ、ソウタ君は受験をしないんですよね？」と僕は確認をとった。

「受験はするぞ」

「え？」

話の流れとぜんぜん違うじゃないか。

「後日、父親から私のところに連絡が来た。様々なことを考えた結果、ソウタと腹を割って話し合うことにしたそうだ。そうしたら、ソウタが『学校で仲がいい友達が受験をするから、受験をしたい』と私や父親が想像していない決断をしてきた。なんともソウタらしい話だ」

「ハハハ」

僕は笑ってしまった。ソウタ君は、周りの大人が誰も予想していなかった道を選んだのか。

「ソウタは、友達と一緒に目標を目指すことが自分であることだ、と考えたようだ。この出来事から父親は『子どもっていうのは、いつの間にか変わるものですね。ソウタの考えがいつまで続くのか分かりませんが、先生、受験の面倒もお願いします』と言ってきた」

「え、受験の面倒も見るんですか？」

僕は驚いてしまった。

昔から先生は受験の面倒は見ないと言っていたのに、受験の面倒を見るなんて。

「頼まれたからな。とは言っても、ソウタが受験をすると決めたことと、受験勉強をすることは別の問題を含んでいるから厄介だ。さらに中学校によって環境は大きく変わるし、これからまだまだ先が長いね」

人生の羅針盤は心の中に

「人間は生まれてから死ぬまで基本的なことは変わらない。経験することも変わらない。だからこそ、自分の心に響いた体験にどのように向き合い、どのようなことを心に入れるのかによって、その人の道が開かれる」

先生はそう言うと、胸に手を当てて言った。

「この歩みの途中で聞こえてくる、『自分はこのままでいいだろうか』、『人間とは何か』といった心の声は小さい。しかし、これは大きな力の源泉でもある」

先生は僕の目を見て言った。

「その心の声に耳を傾け、自らを振り返るときに、君の人生の可能性は大きく開かれ、君だけの道が見えてくる。君が向かう先を示してくれる人生の羅針盤は、常に君の心の中にあるんだ」

僕だけの羅針盤……。

「その道を歩み始めてからが本番だ。そこではじめてどう生きるかが問われる」

僕だけの道……。

僕が何も言えず黙っていると、先生は言った。

「今の君を見ていると、ヘーゲルの『法の哲学』に書いてある言葉が思い浮かぶなぁ」

先生はそう言うと、ラテン語で諳《そら》んじた。

ここがロドス《Hic Rhodus》だ、ここで跳べ《hic saltus》
（『法の哲学』）

「どういう意味です?」

「ここがロドスだ、ここで跳べ。この言葉はイソップ童話『ほら吹き男』に出てきたものだ。とある古代ギリシャの競技選手が、遠征先のロドス島から帰ると『俺はロドス島の競技会でオリンピック選手も驚くような成果を残した。ロドス島に行けば、その場に居合わせた人たちが俺の活躍を証言してくれる』と自慢をしていた。この話を聞いていた一人が『証人なんかいらないから、ここで跳べ』と言った話からきている。なんとも、現実世界と格闘したヘーゲルらしい引用だ」

先生はニヤリとしながら言った。

「君も、今こそ跳ぶときだろ？」

ヘーゲル先生の教え

人生の羅針盤は、常に自分の心の中にある

背中を押されるように、僕はヘーゲル先生の部屋を飛び出した。

小林とのやり取りや、先生との会話を、何度も何度も思い返しながら、街灯だけに照らされた夜道を歩き、駅へ向かった。

いつもよりも遅い時間だったせいか、道中は誰ともすれ違わなかった。

駅に着き、改札を抜け、ちょうどやってきた電車に乗り込む。席に座って車窓に映る景色

をぼーっと眺めているのに飽きると、何か時間をつぶすものがないかと、僕は鞄の中に手をやった。

コツンと指先に一冊の本が当たった。

それは、先生のところに来たときに借りた福沢諭吉の自伝であった。久々に読み返してみようと、パラパラと本をめくっていると、前に付箋を貼っていた箇所が目についた。

明治元年の五月、上野で戦争が始まり、その前後は江戸市中の芝居や寄席、見世物、料理茶屋も全て休んでしまい、街中は真っ暗で、何がなんだか分からないほど混乱していた。しかし、私はその戦争の日も、塾で教えることをやめなかった。上野では大砲をどんどんと撃っているけれど、上野と塾のある新銭座は二里も離れ、大砲の弾が飛んでくる気配はないと言われたので、そのとき私は英語の本で経済の講義をしていた。外はかなり騒がしい様子で、煙が見えるというので生徒たちは面白がって梯子《はしご》に登り、屋根の上から見物していた。昼から夕方すぎまで戦争をしていたが、私たちには関係がないので、怖くはなかった。

（『福翁自伝』）

このとき、今まで見落としていた、たった一つのことに気がついた。

諭吉はどんなときでも人に伝えるのをやめていない！

自伝の中で諭吉は、戦争があれば真っ先に逃げ出し、勤めている幕府に対して戦争が起きても、手を貸さないことを自慢気に語っていた。諭吉はいつだって自由を愛し、束縛されることを嫌っていた。しかし、実際は、争いが起きても遠くに逃げたりせず、いつものように塾は開き、生徒に伝えることをやめない。

給料が良くなっても、本が売れて多くの印税が手に入っても、福沢は教え伝えることをやめない。最後まで文章を書き、新聞の出版まで手を広げて、死ぬまで伝える活動をしていた。

僕の周りからさっと音が消えた。

その一瞬が過ぎ去ると、僕は本の最後の空白ページに、がむしゃらにペンを走らせた。他の人からもらうばかりで、自分から誰かに伝えようとしない自分に気がついた。

書けるだけ書いて、僕は小林にすぐにメッセージを送った。

「お前さ、そんなことやってないで俺と……」

終章

それぞれのその後

ヒナとソウタは、いろいろあった中学受験も無事に終わり、引き続き先生のところで勉強していた。今日はいつもより早くヒナがやってきて、先生の本棚から大型の美術書を取り出し眺めている。

「ヘーゲル先生って、ヨーロッパに行ったことありますよね？ それなら、この図録に載っているような絵画とか彫像を見ましたか？」

ヒナは中学に入る前、本棚で見つけた須賀敦子のエッセイを読み終えると、「私は大人の女性になる」と宣言し、丁寧な言葉遣いで話す努力をはじめた。

「ああ、結構見たぞ。昔、そのようなものを見るための旅行をしていた頃、現地で一緒に回っていたドイツ人が、『どこに行っても、ムゼーウム、ムゼーウム、ムゼーウム』と嘆いていたな」

「ムゼーウム？」とヒナは言った。

「ミュージアム、どこに行っても美術館ばっかりだと嘆いていたんだ」

「何それ、最高の環境なのに！」

「ハハハ、ヒナにとっては、そうかもしれないな」と先生は笑って答えた。

「そういえば、先程見ていた図録にルネサンス期って書いてあったんですけど、これの一つ前のシリーズには中世と書いてあったんです。載っている絵の感じが全然違うんですけど、何が違うんですか？」

「いい質問だな。ルネサンスの絵はどんな絵だった？」

「う～ん、色がきれいで、リアルな感じがします。中世の絵は、ピカピカしてますけど、なんだか立体感がない感じです」

「そうだな。ルネサンスというのは、フランス語で再生を意味する言葉だ。では、何を再生させるのかというと、古代ローマやギリシャの時代の文化だ。ヒナが言ったようなリアルな感じは、古代ローマやギリシャの時代を取り戻そうとしたときの表現というわけだ。ほら、古代ギリシャ時代の彫刻とかは、筋肉などがリアルに作られたものが多いだろ」

先生は、古典時代と書かれた図録を引き出してヒナに見せた。

「あ、本当だ」

「でも、中世とルネサンスは全く違うものかというと、そういうわけではない。さらに言えば、分野によっても全然違う」

「どういうことですか？」

「たとえば、ルネサンスの時期に建てられた建築物を見てみると、中世の建物とはずいぶんと異なった箇所がある。しかし、ルネサンスの時期に作られた音楽を聴いてみると、中世の音楽とそれほど変わらない」と言って、先生はネットを使って中世とルネサンスの建物を見せ、音楽を流す。

「たしかに音楽はあまり変わってないかも」とヒナは言った。

「中世とかルネサンスや近世・近代といった時代区分は、後世の人がざっくりと何かを理解するために作ったものでしかない。だから、分野によって結構違うものだ」

「へぇ〜、そうなんですね。この後の時代はどうなってるんですか？」とヒナが聞いてきたので、先生がバッハの音楽をかけると、ちょうどソウタがドアを開け、教室に入ってきた。

ソウタは机の横に鞄を置くとすぐに、先生に向かって、

「お、なんか古い曲が流れてますね。まあいいや。ヘーゲル先生、学問ってなんですか？」

ソウタは中学生になるとすぐに背が伸び、体も大きくなった。また、言葉遣いが悪いと、ヒナに冷たい目で見られるので、昔より言葉も丁寧になっていた。

「おお、どうした。何かで学問なんて言葉を目にしたのか？」

「いや〜、週末にうちのお父さんが、ソウタも中学生なんだから福沢諭吉の『学問のすゝめ』くらい読まなきゃ、とか言ってきたんです。それってなんだろうと思って」

「それで『学問のすゝめ』を読んだの？」

「そんなつまんなそうな本なんか読むわけないじゃん」

「ハハハ。その学問っていうのは、英語のサイエンス《science》だな」

「え、サイエンス《science》って科学のことじゃないんですか？」とソウタは聞き返した。

「サイエンスの語源は、ラテン語のスキエンティア《scientia》で、この言葉は『知ること』や『知識』、『学問』を意味するんだ。そういったものを一括りにする時もスキエンティア《scientia》って言ったん

だ。福沢の言う学問はそういった意味だろう」

「へぇ〜」

「そういった学問が、なぜ今は科学って呼ばれているのかなんて考えながらその本を読むと面白いかもな。でも、まだソウタが『学問のすゝめ』を読むには早いかもなぁ」と先生はすまし顔で言った。

「いや、そんなことないですよ。読めると思いますよ。先生、『学問のすゝめ』ってどこにあるんですか？」

「隣の書斎の部屋の、右から三番目の下段のところにあるはずだ」

「借りていいですか？」

「どうぞ。近くに彼の自伝もあるから一緒に持っておいで」

「やった！」と言って、ソウタは書斎に向かっていった。

ヒナは先ほどと同じように、机の上に開いた画集を眺めながら、音楽に耳を澄ましていた。その曲が終わりそうになった頃、ソウタは「やっと見つけた」と言って、数冊の本を持って帰ってきた。

ソウタは席につくなり、その中の一冊を手に取って、表紙をめくった。

すると、一枚の大きな付箋がはらりと落ちた。

「あれ、なんか落ちた。『門閥制度は親の敵でござる』だって、なんだこれ」

ソウタが怪訝そうな顔でその付箋に書かれた文章を見た後、ヒナにその付箋を手渡した。

ヒナはその付箋を見ながら言った。

「それ、たしか福沢が自伝で使っていた言葉だったはず。でも、なんでこんなメモが挟まっているんだろう?」

そのヒナの発言を聞いた先生は、二人に向かって言った。

「それは去年までここに来ていた人が借りていた本だ。その人が残したメモじゃないか」

「どんな人ですか?」とソウタが訊ねたので、

「昔、君たちくらいの年齢のとき、ここに居候みたいにいた人だ。久々にここにやって来たときには、思い詰めた顔をして、『先生、僕の人生はこのままでいいでしょうか』なんて聞いてきた。それから、数年間、私のところに通ってはおしゃべりをして帰っていったな」

「変なことに悩むんですね、大人って」とソウタが言った。

「ハハハ。そうかもな。でもね、最後には、私に啖呵を切るように『来年はすごいやつになってきますから、安心して待っててください』なんて言って出ていったよ。今月は、彼がすごいやつになる予定なんだが、この間『予想外のことが起きたので、あと一年延長です。待っててください』なんてメールを送ってきた。その時に仲間と一緒に写った写真も送られてきたが、なかなかいい顔つきになっていたぞ。二人とも見てみるかい?」

ヘーゲル先生の教え

序　章――悩みを自覚したときから、すでに答えを見つけている
1　章――自伝・伝記と著作をセットで読む
2　章――自分だけの言葉を見つける
3　章――自分を知るには、肩を借りる相手が必要
4　章――心の中の空白は、自分を動かす無限の源泉になる
5　章――自分を引っ張る声に応えるために、自分と向き合う
6　章――心動かされるような個人の経験が、空白を埋める答えになる
7　章――人生の羅針盤は、常に自分の心の中にある

参考文献

序章：
夏目漱石『漱石全集　第十一巻　こゝろ 他』角川書店
夏目漱石『漱石全集　第十二巻　道草 他』角川書店
夏目漱石『漱石全集　第十四巻　文学論』角川書店

1章：
ホイジンガ『世界の名著　中世の秋』（堀越孝一 訳）中央公論社
ホイジンガ『ホモ・ルーデンス』（高橋英夫 訳）中公文庫プレミアム
ホイジンガ『ホイジンガ選集〈6〉中世の秋』（兼岩正夫・里見元一郎 訳）河出書房新社
ホイジンガ『わが歴史への道』（坂井直芳 訳）筑摩書房
ホイジンガ『ホイジンガ選集〈3〉歴史を描くこころ』（兼岩正夫 訳）河出書房新社
桑原三郎・後藤長男『学習漫画 世界の伝記 福沢諭吉 文明開化につくした教育者』集英社
齋藤孝・岩元健一『まんがでわかる 福沢諭吉『学問のすすめ』』あさ出版
Johan Huizinga, The Waning of the Middle Ages, Translated by F.Hopman, Dover Publications
Johan Huizinga, The Waning of the Middle Ages, Translated by Rodney J. Payton and Ulrich Mammmitzsch, The University of Chicago Press
ランケ『世界史概観』（鈴木成高・相原信作 訳）岩波書店
栗原福也『ホイジンガ：その生涯と思想』潮出版社

2章：
福沢諭吉『学問のすゝめ』岩波文庫

福沢諭吉『現代語訳　学問のすすめ』（斎藤孝 訳）筑摩書房
デカルト『方法序説』（谷川多佳子 訳）岩波文庫
デカルト『方法序説ほか』（野田又夫・水野和久・井上庄七・神野慧一郎 訳）中公クラシックス
デカルト『世界の名著　デカルト』（野田又夫 責任編集）中央公論社

3章：
ヘーゲル『歴史哲学講義 上・下』（長谷川宏 訳）岩波書店
ヘーゲル『ヘーゲル全集〈10・10b〉歴史哲学』（武市健人 訳）岩波書店
Georg Wilhelm Friedrich Hegel, werke in zwanzig bänden 12 Vorlesungen über die philosophie der geschichte theorie werkausgabe suhrkamp verlag
ゲオルグ・ビーダーマン『ヘーゲル　伝記と学説』（尼寺義弘 訳）大月書店
市井三郎『歴史の進歩とはなにか』岩波書店
稲葉和也・中山繁信『建築の絵本　日本人の住まい　住居と生活の歴史』彰国社
慈俊『慕帰絵詞』（鈴木空如・松浦翠苑 模）
E・H・カー『歴史とは何か　新版』（近藤和彦 訳）岩波新書
ヘーゲル『ヘーゲル全集〈14c〉哲学史 下巻の3』（藤田健治 訳）岩波書店
ヘーゲル『哲学史講義　上・中・下巻』（長谷川宏 訳）河出書房新社
ヘーゲル『イエスの生涯』（原健忠 訳）河出書房
ヘーゲル『キリスト教の精神とその運命』（木村毅 訳）現代思想社
ヘーゲル『世界の名著　ヘーゲル』（岩崎武雄 責任編集）中央公論社
ニーチェ『世界の名著　ニーチェ』（手塚富雄 責任編集）中央公論社

4章：
プラトン『ソクラテスの弁明・クリトン 改版』（久保勉 訳）岩波書店

プラトン『国家 上』（藤沢令夫 訳）岩波文庫
プラトン『国家 下』（藤沢令夫 訳）岩波文庫
アラン・ブルーム『アメリカン・マインドの終焉』（菅野盾樹 訳）みすず書房
Allan Bloom, The Closing of the American Mind, Simon & Schuster
ソール・ベロー『ラヴェルスタイン』（鈴木元子 訳）彩流社
ピーター・F・ドラッカー『ドラッカー名著集12 傍観者の時代』（上田惇生 訳）ダイヤモンド社
田川建三『新約聖書 訳と註 1 マルコ福音書／マタイ福音書』作品社
共同訳聖書実行委員会『聖書 新共同訳　旧約聖書続編つき』日本聖書協会

5章：
竹内敏晴『レッスンする人語り下ろし自伝』藤原書店
竹内敏晴『ことばが劈かれるとき』筑摩書房
竹内敏晴『教師のためのからだとことば考』筑摩書房
東洋 他編『岩波講座 教育の方法〈8〉からだと教育』岩波書店
竹内好『魯迅評論集』岩波新書
五木寛之 他編『世界文学全集 44（魯迅）』学習研究社
デカルト『精神指導の規則』（野田又夫 訳）岩波書店

6章：
C・G・ユング『人間と象徴 上巻』（河合隼雄 訳）河出書房新社
C・G・ユング『人間と象徴 下巻』（河合隼雄 訳）河出書房新社
Carl Gustav Jung, Man and His Symbols, Aldus Books
C・G・ユング『赤の書 テキスト版』（ソヌ・シャムダサーニ 編・河合俊雄・田中康裕・高月玲子・猪股剛 訳）創元社
C・G・ユング『ユング自伝1』（アニエラ・ヤッフェ編・河合隼雄・藤繩昭・出井淑子 訳）みすず書房

C・G・ユング『ユング自伝２』（アニエラ・ヤッフェ編・河合隼雄・藤縄昭・出井淑子 訳）みすず書房
C・G・ユング『タイプ論』（林道義 訳）みすず書房

7章：

E・H・エリクソン『青年ルター〈1〉』（西平直 訳）みすず書房
E・H・エリクソン『青年ルター〈2〉』（西平直 訳）みすず書房
E・H・エリクソン『青年ルター』（大沼隆 訳）教文社
ローレンス・J・フリードマン『エリクソンの人生 上』（鈴木真理子・やまだようこ・西平直・三宅真季子 訳）新曜社
ローレンス・J・フリードマン『エリクソンの人生 下』（鈴木真理子・やまだようこ・西平直・三宅真季子 訳）新曜社
W・ジェイムズ『宗教的経験の諸相 上』（桝田啓三郎 訳）岩波書店
W・ジェイムズ『宗教的経験の諸相 下』（桝田啓三郎 訳）岩波書店
Erik.H.Erikson, Young man Luther, W. W. Norton & Company
吉島茂『ドイツ文学 歴史と鑑賞』朝日出版社
ルター『世界の名著 ルター』（松田智雄 責任編集）中央公論社
ローランド・ベイントン『我ここに立つ マルティン・ルターの生涯』（青山一浪・岸千年共 訳）聖文舎
ヘーゲル『ヘーゲル全集10 歴史哲学』（鈴木権三郎 訳）岩波書店
ヘーゲル『ヘーゲル全集〈14〉 哲学史 下巻の1』（藤田健治 訳）岩波書店
ヘーゲル『哲学史講義 下巻』（長谷川宏 訳）河出書房新社
ヘーゲル『法の哲学〈1〉』（藤野渉・赤沢正敏 訳）中公クラシックス
ヘーゲル『ヘーゲル全集〈0b〉 法の哲学（上）』（上妻精・佐藤康邦・山田忠彰 訳）岩波書店
福沢諭吉『新訂 福翁自伝』岩波文庫

参考ＵＲＬ

ホイジンガの『我が歴史への道』オランダ語原文

Mijn weg tot de historie, Verzamelde werken. Deel 1. Oud-Indië. Nederland, Johan Huizinga-DBNL
https://www.dbnl.org/tekst/huiz003verz02_01/huiz003verz02_01_0003.php

ホイジンガの『中世の秋』オランダ語原文
Inhoudsopgave van Verzamelde werken. Deel 3. Cultuurgeschiedenis 1, Johan Huizinga-DBNL
https://www.dbnl.org/tekst/huiz003verz04_01/

ランケの『世界史概観』ドイツ語原文
Über die Epochen der neueren Geschichte
https://www.projekt-gutenberg.org/ranke/epochen/chap013.html

デカルトの『方法序説』フランス語原文
https://philosophie.cegeptr.qc.ca/wp-content/documents/Discours-de-la-méthode.pdf

ヘーゲルの『歴史哲学講義』：J. Sibree 訳版
Index to the Philosophy of History
https://www.marxists.org/reference/archive/hegel/works/hi/

本文写真提供◉Bridgeman Images/アフロ
DTP◉フジマックオフィス

参考文献について

この本を書くに当たり、これまで原典から日本語に翻訳をしてくださった方々の肩から世界を覗かせていただきました。心より感謝申し上げます。本文で引用した文章は、筆者自身が外国語の原典を翻訳したものもあれば、既存の翻訳書からそのまま引用させていただいたもの、筆者によって一部手を加えたものなど様々です。ただし、ひとつの文献でも複数の翻訳書を参照した場合もあり、読みやすさを優先して本文中には翻訳者名を載せておりません。このため、本文や翻訳に関する責任はすべて筆者が負っています。

この本で取り上げた著作に興味を持たれた方は、翻訳書の場合、一冊ではなく複数の翻訳書を手に取って読み比べてみることをおすすめします。それぞれの翻訳者の考え方や生き方まで聞こえてくるはずです。また、原書にふれることができる方は、そちらにも目を通してみてください。著者のいきいきとした姿や息遣いは原文でこそ味わえるものです。

著者紹介

今野雅方　1946年宮城県生まれ。東北大学建築学科、早稲田大学大学院（仏文学）修士修了。ミュンヘン大学東アジア研究所専任講師等を経て、現在、ＮＰＯ日本論文教育センター代表（www.globe-npo.org）。50年以上にわたりヘーゲル研究に取り組む一方、駿台予備学校論文科講師として、長く受験生の指導にあたった。歴史上の様々な思想家の文章を題材とした講義は、受験対策にとどまらず生徒の将来を見据えたもので、「人生を変える授業」として名高い。著書に『考える力をつける論文教室』（ちくまプリマー新書）、『深く「読む」技術』（ちくま学芸文庫）、訳書に、コジェーヴ『ヘーゲル読解入門』（共訳、国文社）、オフレ『評伝アレクサンドル・コジェーヴ』（パピレス）等がある。

行方順之介　1986年千葉県生まれ。早稲田大学人間科学部で人工知能を学び、卒業後は不動産管理会社に就職するが、アメリカ留学時に見たフランク・ロイド・ライトの建築を忘れることができず、建築の道に進むことを決意。デザイン事務所 Design Office Stet の代表を務める。今野雅方氏に駿台予備校で出会い、その後現在まで師事。今野氏から学んだことが現代人の抱える課題を解決する手助けになることに気づき、多くの人に伝える目的で執筆を開始。今野氏の授業の教材を原案としながら、その後も対話を積み重ね、10年近い月日をかけて、初の著作となる本作を完成させた。

明日《あした》の君《きみ》は、どこにいる？
ヘーゲル先生《せんせい》の自己啓発《じこけいはつ》の教室《きょうしつ》

2025年４月30日　第１刷

著　　者　今《こん》野《の》雅《まさ》方《かた》
　　　　　行《なめ》方《かた》順《じゅん》之《の》介《すけ》

発 行 者　小澤源太郎

責任編集　株式会社 プライム涌光
電話　編集部　03(3203)2850

発 行 所　株式会社 青春出版社
東京都新宿区若松町12番１号 〒162-0056
振替番号　00190-7-98602
電話　営業部　03(3207)1916

印　刷　中央精版印刷　　製　本　フォーネット社

ISBN978-4-413-23400-9 C0030